PRÉJUGÉS

LEGITIMES

CONTRE

L'ENCYCLOPEDIE.

SECONDE PARTIE.

AVIS.

On imprime actuellement la suite de cet Ouvrage, dont il y aura plusieurs volumes.

Le sixiéme sera mis en vente au mois de Mai prochain.

Chaque Volume relié en veau, 2 liv. 10 s.
broché, port franc par la poste, 3.

Lettres Critiques ou Réfutations de divers écrits modernes contre la Religion, *in-12.* au prix de 50 sols chaque volume relié en veau.

Le douziéme Volume est actuellement en vente. Le treiziéme au mois de Mai. Le quatorziéme au mois de Septembre. Il se publie par année trois Volumes de cet Ouvrage.

Le Catéchisme du Livre de l'Esprit, ou Elémens de la philosophie de l'Esprit, mis à la portée de tout le monde. 12 s.

Recueil de piété tiré de l'Ecriture-Sainte, *in-12.* 3 vol. reliés, 7 liv. 10 s.

Catéchisme Evangelique tiré de l'Ecriture-Sainte, *in 8°.* 3 vol. reliés en veau, 9 liv.

Lettres de S. François de Sales, &c. Nouvelle Edition, dans laquelle on a recueilli un très-grand nombre de ses Lettres qui ne se trouvent pas dans les Editions précédentes; revues sur les originaux, enrichies de Sommaires, de Citations, de Notes, de Remarques, &c. *in-12.* 6. vol. reliés en veau, 15 liv.

PRÉJUGÉS
LÉGITIMES
CONTRE L'ENCYCLOPEDIE;
ET
ESSAI DE REFUTATION
DE CE DICTIONNAIRE.
SECONDE PARTIE.

Contenant la réfutation des principes rapportés dans la première Partie, avec l'exposition des vrais principes de la Métaphysique, de la Morale & de la Religion, démontrés contre les paradoxes impies & extravagans des Incrédules.

Erupit nubem, claràque in luce refulfit.

Par Abraham-Joseph de CHAUMEIX *d'Orléans.*

TOME CINQUIEME.

A PARIS;

Chez CLAUDE HERISSANT, Libraire-Imprimeur; rue Neuve Notre-Dame, à la Croix d'or.

AVERTISSEMENT.

Les Encyclopédistes ou plutôt ceux qui se chargent de leur défense, se plaignent de ce que l'on décrie leur Dictionnaire tout entier, parce que certaines parties ne sont pas éxactement traitées : ils en prennent occasion de soûtenir que ce procédé est injuste, & & regardent comme odieuse la manière dont on parle de l'Encyclopédie.

Que ce Dictionnaire, disent-ils, contienne des opinions particulières sur la Métaphysique & la Morale, que les Auteurs n'ayent pas montré pour la Religion tout le respect & toute la soumission qu'on éxige, s'ensuit-il à cause de cela que ce Dictionnaire n'est bon à rien ? & faudra-t-il que le

AVERTISSEMENT.

Public soit privé des morceaux excellens qu'il contient, parce qu'il s'y trouve quelqu'articles défectueux ?

J'ai senti toute la force de cette réfléxion ; & pour y répondre en deux mots, je soûtiens qu'étant démontré que toute la Métaphysique & toute la Morale de l'Encyclopédie sont fausses & extravagantes, la difficulté ne peut plus tomber que sur les morceaux de Littérature que ce Dictionnaire renferme. A cet égard voici ma réponse.

On éxamine actuellement la Littérature de l'Encyclopédie. On espère faire voir que les Encyclopédistes y ont montré aussi peu de jugement & autant d'ignorance qu'en Morale & en Métaphysique, ce qui sera, ce me semble, avoir démontré aux plus prévenus en faveur de l'Encyclopédie (s'il

AVERTISSEMENT.

restoit encore quelqu'un qui y fût attaché) que cette prétendue Société de gens de Lettres n'est dans le vrai qu'une troupe de Charlatans, qui a grossièrement abusé de la confiance du Public, qui avoit droit d'attendre d'eux quelque chose de moins absurde, sur-tout dans cette partie.

J'espére que dans le courant d'Avril le premier Volume de l'Examen critique de cette Littérature sera publié.

On ne compte pas se borner à montrer les erreurs des Encyclopédistes ; on donnera aussi les vrais principes qu'ils ont méconnus : ensorte que cet Examen critique contiendra à chaque matière un Traité raisonné des élémens de la matière dont il sera question. Nous sommes bien eloignés de vouloir priver nos contemporains de toutes les instructions

Avertissement.

utiles, nous ne voulons que les prémunir contre les erreurs.

PREFACE

PREFACE

OU

DISCOURS PRÉLIMINAIRE

A toute la seconde Partie.

L'EDITEUR de la première Partie des *Préjugés légitimes contre l'Encyclopédie* s'étoit engagé à publier dans le courant de Janvier 1759. toute cette seconde Partie. On auroit en effet donné les quatre volumes promis dans ce mois, si je n'avois cru devoir recommencer cet Ouvrage. Le Public a reçu avec tant d'indulgence & de bonté les premiers efforts de mon esprit, qu'il m'a imposé par-là l'obligation indispensable de redoubler de zèle & d'attention pour me rendre moins indigne de son suffrage. C'est ce qui fait qu'au lieu de quatre Volumes qu'on auroit eu droit d'attendre, je ne puis en donner qu'un présentement. Je vais exposer les raisons de ce retard, & ce que je me suis cru obligé d'entreprendre, pour la défense de la vérité, & la satisfaction de ceux qui y sont attachés.

ARTICLE PREMIER.

Pourquoi j'ai recommencé cette seconde Partie.

Comme je ne m'étois proposé, en entreprenant mon *Essai de réfutation*, que d'être utile à une certaine quantité de jeunes gens qui lisent l'Encyclopédie, sans connoître ce qu'il y a de dangereux dans les principes qu'elle renferme, je m'en étois effectivement tenu à un Essai, tant pour l'exposition, que pour la réfutation de ces principes. Mais quand j'ai vû le vœu public à ce sujet, j'ai changé mon premier dessein, & me suis proposé de faire une réfutation complette de toutes les principales erreurs que ce Dictionnaire renferme, sur les trois objets auxquels je me restreins dans la première Partie.

Les principes contenus dans l'Encyclopédie, au sujet de la Métaphysique & de la Morale, sont ceux de cette Philosophie moderne, qui voudroit établir ses paradoxes sur les ruines de la Religion. C'est donc un Ouvrage des plus importans qu'une réfutation de l'Encyclopédie à cet égard; & celui qui l'entreprend, a droit de demander au Public un certain temps pour l'éxécuter. Plus cet Ouvrage est nécessaire, plus aussi éxige-t-il de soins, de travail & d'application.

Le retard ne peut donc m'être reproché, qu'au cas que je n'éxécute pas ce dessein de la manière dont on peut l'éxiger d'un particulier, qui, travaillant seul comme je le fais, tombe nécessairement dans une certaine quantité de fautes inévitables dans la composition d'un Livre de cette étenduë & de cette nature.

Je ne prétends pas par là demander, à l'éxemple de M. Helvétius, la liberté d'avancer des erreurs : c'est une faute, qui de sa nature est impardonnable. Celui qui tombe dans ce défaut, doit être rélevé; & ce seroit une punition bien dure, que de l'abandonner à son aveuglement. Les seules choses sur lesquelles je puisse demander avec fondement l'indulgence de mes Lecteurs, ne peuvent consister que dans le style & la maniere dont je leur exposerai mes réfléxions : à l'égard de l'objet de ces réfléxions & des principes que je me propose d'établir, ils ne peuvent me passer-rien qui ne soit conforme à la vérité.

Il eut, sans doute, été mieux de commencer par faire tout cet Ouvrage, & de le faire comme je me le propose actuellement, que de publier les premiers Volumes dans l'état où ils sont, de promettre ensuite quatre Volumes, & de se trouver à la fin dans le cas de manquer de parole.

Mais comme je n'avois jamais écrit, je ne pouvois compter que ce premier Essai auroit le succès qu'il a eu. Je ne devois donc pas entreprendre un Ouvrage aussi étendu & aussi important qu'est celui auquel je travaille présentement, sans savoir que le Public l'auroit pour agréable. Il falloit d'abord le pressentir, avoir son agrément ; & c'est ce que j'ai fait par la publication de mes premiers Volumes.

Les premières Editions des Ouvrages (& j'en dis autant des premiers Volumes) devroient, selon la pensée de mon Maître, le grand Nicole, n'être considérées dans le Public que comme un Essai qu'on lui propose, afin qu'après avoir recueilli les remarques de tous les gens qui peuvent nous décider, nous puissions là-dessus exécuter notre dessein dans toute son étendue.

C'est de cette sorte que je voudrois que l'on considérât mes premiers Volumes. Que l'on fasse attention au point de vûë sous lequel les Encyclopédistes s'étoient eux-mêmes placés ; à quel dégré d'estime ils étoient parvenus dans l'esprit de plusieurs personnes. Le ton d'assurance & d'autorité, disons mieux, la manière présomptueuse & pleine d'orgueil dont ils écrivent, ne les faisoit-elle pas regarder comme les hommes les plus éclairés de leur siècle sur toutes les matières ? J'ai vû, dans une compagnie, agiter la question, si l'un des Encyclopédistes (je ne le nomme pas) étoit un plus grand génie que Pascal ? Il auroit rougi du parallelle, s'il eût été présent.

J'avois donc ce premier préjugé contre moi. La vûë de ma foiblesse, le peu d'impression que je pourrois faire étant aussi inconnu que je le suis ; que d'objets capables d'effrayer un jeune Auteur qui n'a réellement pour lui que la vérité qu'il défend !

C'est ce qui m'auroit toujours empêché d'entreprendre ce grand Ouvrage, avant que de connoître, comme je viens de le dire, si le Public seroit disposé à lui faire accueil : si cette partie de Lecteurs que je devois le plus consulter, le jugeroit utile : si la manière, le ton & l'ordre de la réfutation obtiendroient le suffrage du Public : enfin, si en travaillant, je pourrois me considérer comme éxécutant ses ordres.

Voilà le point dont je suis parti. Une réfutation méthodique & suivie m'a paru répondre au vœu du Public : sur le champ je me suis livré à ce travail, & j'en présente aujourd'hui le commencement. Je ne serai pas moins attentif à voir si dans l'éxécution j'ai satisfait son attente, & je me ferai une loi inviolable de respecter son jugement.

Je ne puis actuellement fixer au juste la quantité de Volumes que cet Ouvrage pourra fournir. Je m'appliquerai à le rendre le plus court qu'il me sera possible : mais il vaut mieux, ce me semble, risquer de n'être pas si bref, que de donner à mes Adversaires occasion de dire que j'ai négligé quelque partie importante. Il s'agit de toute la Métaphysique & de toute la Morale: il faut traiter aussi les principes généraux de la Foi Chrétienne; exposer clairement & méthodiquement ces trois objets; renverser les principales difficultés des Incrédules, & montrer la futilité des autres. Tout cela demande une certaine étendue; & je ne vois rien dans ces matières, que celui qui entreprend de réfuter l'Encyclopédie puisse omettre.

Je ne veux pas faire entendre, par tout ce que je viens de dire, que mon Ouvrage aura la perfection qu'il éxige: mais quand j'y aurai donné toute l'application & tout le soin dont je suis capable, j'aurai au moins la consolation d'avoir employé mes foibles talens à des sujets utiles, & dans les vûes qui doivent animer un Chrétien. Voilà tout ce qu'il me faut pour le repos de ma conscience.

J'ai déja assez connu, par les divers jugemens que l'on a portés sur mes trois premiers Volumes, qu'il étoit impossible de satisfaire tous les goûts. Il n'y a peut-être, selon la remarque du même grand homme dont j'ai parlé ci-devant; rien de plus injuste, que cette disposition dans laquelle sont beaucoup de Lecteurs, qui voudroient que l'on écrivît selon leur goût particulier, & de la manière qui leur est la plus agréable. Ce que l'un juge de mieux & de plus nécessaire dans un Livre, paroît à un autre ou foible, ou déplacé. Celui, par exemple, qui sera de mon avis sur la qualité d'une opinion, trouvera que tout ce que je dis, avant que de la combattre, n'est qu'un *échaffaudage* inutile, & que j'aurois dû aller tout-d'un-coup au fait. Il ne s'apperçoit pas que d'autres voyant que je combats un sentiment qui leur semble ou certain ou peu important, fermeront sur le champ le Livre, sans vouloir se donner la peine d'aller plus loin. Il faut donc que je commence par mettre les Lecteurs dans la disposition de m'écouter, que je vainque leur répugnance, en détruisant, sans trop le leur faire connoître, les préjugés qui les tiennent éloignés de la vérité ; faute de quoi mon Livre pourroit bien avoir le plus grand défaut d'un Ouvrage, celui de n'être pas lû.

Je suis très-persuadé que dans tous

les Livres du genre de celui-ci, si l'on en retranchoit tout ce qui ne sert pas à l'instruction généralement utile, il y en auroit peu qui fissent fortune dans le monde. Un Auteur doit être, pour ainsi dire, à l'affut des impressions que ses Ecrits occasionnent aux Lecteurs, & savoir ensuite dissiper, dans son Ouvrage même, celles qui ne tendent pas au but qu'il se propose.

Que l'on se donne la peine de voir combien Nicole étoit attentif à cela. Ses Ecrits polémiques sont, sans difficulté, les modèles les plus parfaits que l'on puisse se proposer; cependant, outre les Préfaces qu'il mettoit à la tête, combien de pages n'emploie-t-il pas à mettre les Lecteurs dans le point de vue où ils doivent être pour appercevoir clairement toutes les faces de l'objet qu'il veut leur faire contempler?

Outre cette raison de nécessité, j'en ai encore une autre; c'est que je pense que tout homme qui se mêle d'écrire pour le Public, doit être dans une continuelle défiance de ses propres forces, & ne rien négliger de tout ce qui peut, vis-à-vis de ses divers Lecteurs, servir à l'appui de ses jugemens.

Qu'on me permette donc de ne pas entrer dans la discussion de matières aussi importantes, sans avoir exposé à mes Lecteurs, que je dois considérer comme mes juges, toutes les raisons qui sont en ma faveur. Je ne puis avoir trop de force contre mes Adversaires, & je suis assez foible par moi-même.

ARTICLE SECOND.

Pourquoi j'ai fait précéder la réfutation de Locke, à celle des principes Encyclopédiques.

LA Métaphysique étoit en possession d'un certain nombre de vérités claires, lumineuses & consolantes pour l'humanité, lorsqu'il parut à Londres un de ces hommes faits pour causer une révolution. Locke à beaucoup de pénétration joignit un ton modeste & une apparence de candeur, qui firent lire avec avidité & satisfaction son *Essai Philosophique*, &c. *La liberté de penser & d'écrire*, qui a pris sa source en Angleterre, occasionna à Locke plusieurs Sectateurs, qui moins timides avancerent ses maximes plus clairement qu'il ne les avoit proposées

Les prétendus Philosophes & tous

ceux qui se figurent que c'est se donner un relief dans le monde, que de douter sur les matières où le doute est le moins permis, saisirent avec empressement des principes, qui donnoient atteinte aux vérités de Métaphysique consacrées par la révélation. D'autres Philosophes, moins mal intentionnés que les premiers, mais aussi moins clairvoyans, crurent ne pouvoir mieux faire que de tâcher de concilier les principes de Locke avec les dogmes de la Religion. Mais leurs efforts ne servirent qu'à accréditer une doctrine qu'ils auroient dû proscrire au commencement, & à donner occasion aux Incrédules de bâtir plus à leur aise leur monstrueux systême.

Le nom de Locke est donc devenu comme le signe du ralliment de presque tous les Métaphysiciens, qui ont, depuis son Livre, essayé de renverser les principes que Descartes avoit enseignés dans ses six *Méditations* & ses *Principes de Philosophie*.

Si vous voulez les attaquer, ils vous renvoient tous à la Métaphysique de cet Anglois. Sous prétexte que quelques

Métaphyſiciens, parmi ceux mêmes qui reſpectent la Religion, ne font pas difficulté d'admettre quelques-uns des principes de l'*Eſſai Philoſophique*, &c. ils ſe croient en droit de l'enſeigner juſque dans toutes les conſéquences qu'ils en ſavent tirer.

N'avons-nous pas vu comment les Encyclopédiſtes fondent tous leurs paradoxes ſur les aſſertions de Locke? N'avons-nous pas vu M. Helvétius, dans ſa rétractation même, nous objecter Locke, & tâcher de juſtifier les horreurs de ſon Livre, en nous diſant qu'il n'y a fait que ſuivre la route que ce Maître lui avoit tracée?

Que l'on liſe toutes ces productions nouvelles dans leſquelles les Auteurs s'efforcent de renverſer les preuves que la raiſon nous fournit de la ſpiritualité & de l'immortalité de notre ame, les démonſtrations métaphyſiques de l'exiſtence de Dieu, & des attributs renfermés dans l'eſſence de l'Etre parfait, on verra que toutes ces productions n'ont leur baſe que ſur le Livre de Locke : enfin il eſt aiſé de s'appercevoir que l'*Eſſai* de Locke eſt l'école de l'incrédulité.

Il est temps d'ôter à nos Adversaires le retranchement dans lequel ils se croient si fermes & si assurés.

Montrons-leur que ce qu'ils regardent comme un rocher inébranlable, n'est qu'*un vain amas de poussière* : que si, jusqu'à présent, ils ont fait croire à tant de personnes peu éclairées que Locke avoit construit un édifice solide, c'est qu'ils ont fait tous leurs efforts pour empêcher qu'on ne s'apperçoive que ce n'est en effet qu'*un édifice de fange*.

Quelques Lecteurs peut-être s'étonneront de voir ici une réfutation expresse de Locke, sous le titre *de réfutation de l'Encyclopédie* : mais les Encyclopédistes eux-mêmes avoueront que c'est le premier pas que j'avois à faire pour attaquer leur Dictionnaire avec succès.

Je ne m'étois pas d'abord proposé un Ouvrage aussi étendu que celui que je me vois présentemrnt contraint d'éxécuter. J'ai prétendu que toute la Métaphysique des Encyclopédistes est fausse, impie, & extravagante. Les articles du Dictionnaire Encyclopédique, qui traitent de la Métaphysique, ne sont que des réfléxions sur les principes de Locke; c'est donc Locke qui est proprement le

Métaphysicien de l'Encyclopédie. C'est le Maître des divers Ecrivains qui se sont voulu signaler par leur concours à l'éxécution de cet Ouvrage. Il en est donc le premier garant.

Si je ne commençois par démontrer la fausseté des principes de Locke, par répondre à toutes ses objections, détruire toutes ses conjectures, renverser tous ses sophismes ; mes Adversaires en reviendroient toujours à cet asyle, & prétendroient que toute ma réfutation porte à faux, puisqu'elle n'auroit pour objet que des conséquences dont j'aurois laissé subsister les principes.

C'est donc dans son germe même qu'il faut étouffer l'erreur ; c'est dans sa racine & son tronc qu'il faut la couper : les diverses branches qu'elle a produites, ne pourront plus dès lors porter aucun fruit.

Je sais que mes Adversaires (& dans cette seconde Partie ce sont tous les incrédules) affecteront de rire de mon projet : ils se sont formé une idée si avantageuse de Locke, qu'ils en sont venus jusqu'à soûtenir que cet Auteur a démontré ses opinions. Mais comme je sais qu'il n'appartient qu'à la vérité de rire avec succès, leur confiance affectée ne m'empêchera pas de leur dire que je crois qu'il n'est pas si difficile qu'ils veulent bien le faire entendre, de *démontrer* en effet que Locke non-seulement n'a rien *démontré*, mais n'a même solidement attaqué aucune des vérités métaphysiques qu'il s'efforce de combattre dans tout son Livre.

Encore une fois la réputation de Locke ne fait pas en sa faveur tout ce qu'en pensent les incrédules. Au contraire, le succès que son *Essai Philosophique* a eu, n'est guère venu que du cri de la Religion contre ce pernicieux Ouvrage. Ce que j'avance ici, ne doit pas paroître un paradoxe dans le temps où nous sommes. L'incrédulité en fait le caractère dominant : une certaine quantité d'Auteurs semblent ne se consacrer qu'au progrès de l'irréligion. Quelques connoissances littéraires leur paroissent les mettre à l'abri de la censure, ils crient à la jalousie, presque même au sacrilége, quand on les attaque. Entr'eux ils ne se traitent dans leurs Ecrits que d'*illustres*, de *grands*, de *génies profonds & sublimes*; par là ils éblouissent les simples : mais afin de parvenir à un succès plus rapide, ils employent d'abord tous leurs talens à flatter les passions des hommes ; & pour les gagner entièrement, ils travaillent à les délivrer de la crainte des punitions. Tous ces hommes pervers, nés pour corrompre les Etats, donnent leurs suffrages réitérés à tout écrit qui peut favoriser leur système. Tout Auteur dans leur goût est un *génie créateur* : toutes ses conjectures sont des *vérités précieuses*.

Que l'on s'étonne après cela de tous les éloges prodigués à Locke. Quel en a été le motif secret ? Le voici. *Locke a démontré*, disent les Encyclopédistes, *que toutes nos idées viennent des sens*. Mais il a aussi prétendu autre chose. Selon Locke, (& les Encyclopédistes aussi-bien que M. Helvétius l'avancent après lui,) *la spiritualité de l'ame n'est qu'une hypothèse. Nous ne saurons jamais si la matière n'a pas la faculté de penser*. Tous nos Philosophes n'ont garde d'abandonner ces prétendues *vérités précieuses*. M. Dalembert, par exemple, observe très-bien dans l'article *Cartésianisme*, que les principes de Descartes sont plus favorables à la Religion que ceux de Locke; cela ne l'empêche cependant pas dans d'autres articles de ne propoſer pour l'inſtruction des jeunes gens, en fait de Métaphyſique, que l'*Eſſai Philoſophique* ; & de prononcer dans le *Diſcours Préliminaire*, que *Locke eſt le créateur de la Métaphyſique*.

Mais, me dira-t-on, n'y a-t-il que les incrédules qui ayent de Locke une idée avantageuſe ? Ne ſe trouve-t-il pas, dans le nombre de ſes admirateurs, bien des gens qui ſont ſincèrement attachés à la Religion ? Cela peut être ; & je ne veux pas ici chercher dans les intentions des hommes, lorſqu'ils ne les manifeſtent pas aſſez par leurs actions. Il ne s'agit pas ici de ſavoir pourquoi ces perſonnes adoptent les principes de Locke ; il faut voir s'ils doivent les adopter. Je ſoûtiens qu'ils ſont contraires à la révélation. Si je le démontre, tous ces admirateurs de Locke ne pourront enſuite ſuppoſer des intentions droites & pures. C'eſt un engagement que j'ai contracté en attaquant Locke dans l'Encyclopédie : reſte à tous ſes admirateurs à me prouver que je me trompe.

Mais comment pourroit-on me conteſter que les principes de Locke ſont contraires à la Religion, après avoir vu cet Auteur en venir, par conséquence nécessaire de son système, à douter de l'éxistence de l'ame ? Y a-t-il quelque ressource dans l'esprit humain capable de démontrer que deux & deux ne font pas quatre ? Que la révélation soit vraie, ou qu'elle soit fausse, toujours est-il certain que Locke la contredit ; & c'est tout ce qu'il me faut ici pour conclure contre les disciples de Locke qui veulent passer pour Chrétiens. A l'égard de savoir si la raison avoue les principes de Locke, quoique contraires à la révélation, c'est une question vis-à-vis de mes Adversaires. Il faut donc la discuter.

Une autre raison très-forte de nécessité, pour moi, de commencer par la réfutation de Locke la seconde Partie de mes *Préjugés*, &c. c'est l'engagement que j'ai contracté d'exposer les principes de la vraie Métaphysique. Il n'est pas douteux que si j'avois laissé subsister l'*Essai Philosophique* de Locke, bien des gens auroient cru pouvoir choisir entre ses principes & les miens, & se seroient figuré que c'étoit deux hypothèses dont on proposoit le choix. Mais non : la vérité n'eſt qu'une. Si j'ai droit d'appeller *vérités* les principes que je propoſe, il ſuit que ceux de Locke ſont des *erreurs*.

De même s'il n'eſt pas démontré que les principes de Locke ſont des erreurs, que cependant ils ſoient oppoſés à ceux que j'établis, il eſt clair que je ne puis les appeller des *vérités*.

Il ne s'agit point ici de diſputer d'adreſſe & de ſubtilité. Tant qu'il ne ſera queſtion que des talens, je rendrai les armes à mes Adverſaires. Ils ſont bien autrement que moi, verſés dans l'art de la diſpute : mais ce que j'ai à éxécuter, eſt bien différent. Il faut rendre raiſon de toutes les qualifications que j'ai données aux opinions Encyclopédiques. Il s'agit de prouver la juſteſſe de mes jugemens. Je n'ai pas à découvrir ſimplement, j'ai à raiſonner. Ce ne ſeront pas des conjectures, des réfléxions, qui pourront renverſer le ſyſtême de l'incrédulité. Les déclamations ne feroient rien de plus utile. On m'objecte Loke ; on m'étale ſon autorité, on m'oppoſe ſes *démonſtrations* : il faut donc répondre, faire connoître que ſon autorité n'a point de poids, ni ſes prétendues démonſtrations de ſolidité.

Que deviendront, je le demande, toutes les imaginations des Candillac, des Yvon, des Diderot, des Helvétius, des De Prades, &c. &c. &c. après le renversement du Livre de Locke? Toutes fondées sur ce système, elles croulent d'elles-mêmes, lorsqu'elles n'ont plus d'appui.

Telles sont les raisons qui m'ont déterminé à faire précéder un *Examen critique de l'Essai Philosophique de Locke* à ma seconde Partie, & d'en faire le principe fondamental. Répondons à présent à quelques objections, qui m'ont déja été faites sur mon dessein, & qui pourroient me l'être encore après son exécution.

1°. N'auriez-vous pas mieux fait, m'a-t-on dit, de vous en tenir à réfuter les articles de l'Encyclopédie où il est traité de la Métaphysique ; & comme ils portent sur les principes de Locke, détruire ces principes en même temps ? Par ce moyen vous auriez évité le reproche d'enclaver dans votre Ouvrage, & sous le même titre, des Volumes entiers, dans lesquels il semble que vous faites autre chose que ce que vous aviez promis.

Je réponds que cette objection tombe d'elle-même après les observations que je viens de faire : mais afin de justifier pleinement l'ordre que j'ai gardé, j'ajoûte que, si je n'avois réfuté l'*Essai Philosophique*, &c. que de la manière qu'on me le propose, il auroit réellement semblé à bien des gens, que ne l'ayant fait qu'en passant, mes attaques n'étoient qu'indirectes. Je vais plus loin, c'est qu'une réfutation ainsi dépécée n'a pas la même solidité qu'une attaque suivie & régulière. Il faut non-seulement prouver que les principes de Locke sont faux, mais encore montrer que toutes les suppositions, les conjectures, les preuves prétendues de Locke tombent à faux ; qu'aucune de ses raisons ne conclut en faveur de son système, & qu'enfin tout son Livre n'est qu'un recueil de difficultés peu importantes : sans cela, on ne cessera de répéter que le Livre de Locke est inattaquable, & après tous les raisonnemens les plus concluans contre Locke, considéré dans l'Encyclopédie, ses Disciples s'obstineront à prétendre que son *Essai Philosophique* est sans réplique.

On me répond à cela qu'ils diront

la même chose, quand même il seroit évident qu'on a méthodiquement renversé le Livre de Locke. Je le sais bien. Ce ne sont pas les raisonnemens qui convertissent les hommes, c'est la grace de Dieu. Mais s'ensuit-il de là qu'il ne faut pas faire tout ce qui dépend de nous pour leur faire connoître leurs erreurs ? Ne doit-on pas travailler à ôter à l'erreur tous les prétextes qu'elle cherche, tous les avantages qu'elle veut se procurer ? Prétendre le contraire, ce seroit donner dans les extravagances de cet Encyclopédiste, qui nous dit gravement qu'il est inutile de prêcher la Religion, parce que *les gens instruits n'ont pas besoin d'instruction ; & que ceux qui ne font pas, sans doute ne veulent pas l'être.* Je sais très-bien que parmi ceux qui disent que *Locke a démontré* ses opinions, il se trouve des gens assez connoisseurs en démonstrations, pour savoir que les conjectures de Locke n'en sont pas. Ce n'est donc pas pour le leur faire connoître que j'entreprends de le prouver ; c'est pour leur ôter les moyens de le dire avec conséquence; c'est afin que l'on sache qu'ils le disent contre la vérité, & empêcher les gens peu éclairés d'être leurs dupes.

2°. On prétend que ma réfutation aura moins de succès dans le public ; parce que m'arrêtant d'une manière toute particulière à la Métaphysique, & qu'entreprenant encore la discussion de Locke, peu de gens seront dans le goût de suivre tous ces raisonnemens abstraits qui semblent ne pas intéresser le commun des Lecteurs.

Mais il auroit fallu me faire cette difficulté avant la publication de mes deux premiers Volumes. En les supposant, je dois m'appliquer particulièrement à cet objet dans ma *seconde Partie*. Cette difficulté au reste est-elle bien forte, bien solide ? Est-il bien certain qu'il y a peu de personnes, qui se mettent en peine de savoir s'ils sont autre chose par nature que la pierre ou le bois ? car enfin voilà de quoi il s'agit. N'y a-t-il pas un moyen de parler, sur cette matière, un langage intelligible ? Il n'appartient qu'à l'erreur de s'envelopper d'énigmes, disons mieux, de ténèbres. Oui, je l'avance avec confiance : toutes les vérités qu'il est nécessaire aux hommes de connoître, font à la portée de leur esprit. Et il y aura toujours une manière de les propofer qui les fera reconnoître à ceux qui voudront s'en inftruire. Or eft-ce une connoiffance néceffaire à l'homme que celle de fa nature ? Oui, fans doute : privé de cette connoiffance, quels motifs détermineroient fes actions ?

Les perfonnes qui font cette objection, ne confidèrent pas, fans doute, que c'eft dans la Métaphyfique des incrédules, que toutes leurs erreurs prennent leur fource; qu'à moins de remonter à ces premiers principes, on leur laiffe des prétextes de réponfes. Un exemple rendra ce que je dis ici palpable à tout le monde. Que je dife à M. Helvétius que la perfection de l'homme confifte dans *la modération des defirs*, il me répondra que je fuis un *déclamateur fans efprit* : & la manière dont il voudra me le prouver, fera de dire : Toute l'ame de l'homme confifte dans *la fenfibilité phyfique*. Il faut donc remonter malgré moi à la Métaphyfique, pour prouver que l'ame eft une fubftance fpirituelle réellement diftinguée de la matière. Ce n'eft pas le tout C'eft qu'après lui avoir expofé les principes les plus incontestables de la Métaphysique, il ne démordra pas, il me renverra à Londres, & me montrera Locke comme le précurseur des Philosophes dont il est le Disciple.

N'est-il donc pas temps d'arrêter efficacement l'audace de tous ces Ecrivains impies & licencieux ? Le peut-on faire autrement qu'en renversant le fondement sur lequel ils ont tous établi leur système ? N'est-ce pas sur le Matérialisme que portent toutes leurs objections ? Peut-on les détruire sans Métaphysique ? Non, sans doute : qu'on ne trouve donc pas étrange que dans le dessein de repousser toutes leurs attaques, on aille prendre les armes dans l'arsénal qui doit les fournir ; & que tous ceux qui ne sont pas entièrement insensibles aux droits de l'humanité, se déterminent à réfléchir un moment sur eux-mêmes. La Métaphysique traite-t-elle d'objets éloignés de nous, & dont nous n'ayons aucune connoissance ? Chaque homme en est le sujet, chaque homme a en lui-même tout ce qu'il lui faut pour en connoître les principes. Quelle science plus à la portée de tous ? Non ; l'espèce de phantôme qu'on s'en est formé, ne doit son origine

origine qu'aux déclamations des incrédules, & n'a pris sa naissance qu'avec le Livre de Locke. Son dessein, je l'ai déja dit, étoit de la détruire, ses Disciples viennent à l'appui ; nous devons donc leur soûtenir que cette science est non-seulement réelle & solide, mais lumineuse & facile.

Descartes, après les siècles d'ignorance, avoit mis toute son attention à débrouiller, d'un chaos ténébreux, les vrais principes de la Métaphysique. Mallebranche, dans le dessein de les conduire plus loin, se laissa emporter assez méthodiquement à la fougue de son imagination, & par là commença à replonger dans l'ombre ce que Descartes avoit éclairci. Locke est venu ensuite, qui profitant de cet instant d'obscurité, travailla de toutes ses forces à envelopper tellement les principes de la Métaphysique, qu'il en vînt à faire croire qu'ils n'étoient tous que des illusions. Les nouveaux Philosophes ont encore ajoûté leurs efforts, & en ont pris occasion de dire tout ouvertement que cette science *en étoit réduite à des apologistes*, & même que toutes ses idées n'étoient que *des chimères Platoniciennes*, *des rêves ingénieux, mais inintelligibles.* Voilà les progrès de l'incrédulité : que l'on juge maintenant, s'il n'est pas temps d'arrêter son audace.

3°. On m'a fait encore une autre objection qui a un fondement plus solide. J'aurois peut-être dû ne la pas rapporter ici : mais de quelque manière qu'on puisse juger de ce que je vais répondre, je suis bien-aise que l'on sache que j'en ai senti toute la force.

Il paroît, dit-on, que vous formez une entreprise assez grande pour y apporter toute la réfléxion possible. Vous ne vous proposez pas moins que de renverser entièrement les Ecrits de gens accrédités, dont les noms sont devenus très-célèbres, & qui ont beaucoup de partisans. Ce n'est pas le tout, vous allez encore chercher de nouveaux Adversaires. N'y a-t-il pas en cela une témérité qui peut-être vous sera funeste ? Qui êtes-vous pour tenir tête à des Ecrivains accoûtumés à manier la plume, & qui sont en possession de plaire par leurs productions ?

J'avoue que cette réfléxion m'a fait garder six mois entiers mes deux premiers Volumes sans oser les publier. Mais enfin, me suis-je dit à moi-même, s'agit-il ici de le disputer à M. De Voltaire sur la facilité à écrire en prose & en vers ? de joûter avec M. Dalembert sur le calcul différentiel ? &c. &c. Non, je trouve des erreurs dans l'Encyclopédie : quelque grandeur de génie, quelqu'étendue de connoissance, quelque talent qu'ayent les Auteurs qui les ont avancées, elles n'en sont pas moins des erreurs ; & toute leur capacité ne pourra les rendre vraies. Je ne vois pas que la Henriade ait donné à M. De Voltaire le droit de dire des impiétés. Je ne puis comprendre comment les titres académiques de M. Dalembert pourroient en faire un Métaphysicien infaillible. Quoi ! chacun de ces Auteurs est-il devenu un oracle sur toutes les matières, parce qu'il a écrit avec succès sur certains sujets ? Si les gens peu attentifs se le sont presqu'imaginé, cela ne vient que des éloges fastueux que ces Auteurs sont convenus de se donner entr'eux.

Je conviens qu'il eût été à souhaiter que quelqu'autre que moi eût entrepris un tel Ouvrage : mais les efforts que je puis faire, empêchent-ils les gens plus capables de le faire avec plus d'avantage ? Ai-je précipité la réfutation ? Depuis que l'Encyclopédie se distribue dans le Public, il étoit libre à tous ceux qui aiment la vérité de prendre sa défense. Depuis que l'*Essai* de Locke a paru à Londres, combien s'est-il écoulé d'années ? Il date bientôt d'un siècle. Cependant quels ravages n'a-t-il pas fait ? On commence à croire qu'on peut en enseigner publiquement les principes dans les Universités.

Vérité, qui êtes mon Dieu, vous êtes aussi ma force. Que puis-je craindre à l'ombre de votre bouclier ? Quel ennemi pourroit me vaincre, si je n'abandonne pas votre camp ?

ESSAI
DE REFUTATION
DE
L'ENCYCLOPÉDIE.
SECONDE PARTIE.

APRÈS avoir exposé d'une manière très-abrégée les principes de l'Encyclopédie, & montré à mes Lecteurs combien ils sont contradictoires les uns aux autres, faux & opposés aux dogmes de la Religion & aux règles de la Morale; je me propose dans cette seconde Partie de les réfuter plus amplement, & de leur opposer les vrais principes de la Métaphysique & de la Morale.

Je partagerai cette seconde Partie en trois Livres, & chaque Livre en plusieurs Sections.

Le premier en contiendra trois.

1°. Nous renverserons les premiers principes de la Métaphysique Encyclopédique, nous prouverons aussi que la méthode des Métaphysiciens ne peut être différente de celle des Géomètres.

2°. La seconde Section est destinée à l'établissement des preuves que la raison nous fournit de la spiritualité & de l'immortalité de l'ame. Nous comptons y renfermer ce que la saine Métaphysique nous enseigne sur la nature de l'homme.

3°. Dans la troisième, nous répondrons aux objections des Encyclopédistes contre les principes établis dans la seconde Section.

Le second Livre sera distribué en deux Sections.

1°. Les démonstrations de l'éxistence nécessaire de Dieu, les développemens de l'idée de l'Etre parfait nous serviront à faire connoître combien est faux tout ce que les Encyclopédistes osent avancer, tant sur l'éxistence de Dieu, que sur sa nature & ses attributs ; & telle est la matière de cette Section.

2°. Dans l'autre Section on verra la réponse à toutes les objections des Encyclopédistes, & l'extravagance des divers systêmes que ces Auteurs proposent, afin que l'univers puisse se passer de l'action perpétuelle du Créateur.

Le troisième Livre contiendra les conséquences qui résultent nécessairement des principes établis dans les deux premiers Livres ; ce qui nous fournira trois Sections.

1°. Dans la première nous verrons ce que c'est que la Loi naturelle & le souverain bien de l'homme.

2°. Dans la seconde nous démontrerons la nécessité de la Révélation ; & qu'il ne peut y avoir de Religion véritable sans mystères.

3°. La troisième renfermera la réponse aux difficultés que les Encyclopédistes proposent contre les principes contenus dans les deux premières Sections.

Telle est la matière de cette seconde Partie.

Il paroîtra, peut-être, à quelques Lecteurs que j'aurois pu me dispenser de travailler sur ces objets ; puisque les efforts des Encyclopédistes ne peuvent avoir d'autres succès que de faire connoître leur ignorance & leur impiété. Mais je prie ces Lecteurs de faire attention que ce ne sont pas les gens les plus éclairés qui lisent l'Encyclopédie ; & que de renvoyer à plusieurs Livres ceux qui ont besoin de ces preuves, c'est s'exposer de les laisser avec les seules objections dans la mémoire, & par là de rester dans le doute sur les objets les plus importans pour la conduite de la vie.

Au reste, dans le siècle où nous vivons, on ne peut trop répéter les vrais principes de la Métaphysique. L'espèce de mépris que les prétendus esprits forts paroissent en avoir, n'est autre chose que la crainte où ils sont qu'elle ne les accable. A les en croire, rien n'est plus futile que cette science. Mais pourquoi en parlent-ils ainsi ? C'est qu'ils voudroient en être venus au point de persuader à tout le monde que les objets de cette science ne sont que des illusions & des phantômes : ils disent même déja que bientôt le nom de Métaphysicien sera aussi méprisé que celui de Sophiste, & que la Métaphysique de Descartes est aujourd'hui réduite à des apologistes.

Ils n'aiment pas qu'on leur dise que

Descartes a démontré la spiritualité & l'immortalité de l'ame, par les seules lumières de la raison. Ils ne peuvent souffrir qu'on leur soûtienne qu'il démontre aussi l'éxistence d'un Etre parfait. Cependant en dépit du Fanatisme qu'ils font paroître pour répandre leur esprit d'incrédulité; trouve-t-on dans tout ce qu'ils ont écrit, quelque chose de solide qui puisse donner la plus legère atteinte aux démonstrations de Descartes, ou plutôt de la raison parlant par sa bouche ? Toute leur fureur n'a pu produire que des objections indirectes, ils n'ont osé les combattre de front, ils s'en tiennent à nous dire en général : » Descartes s'est trompé en croyant les » idées innées, en croyant que l'idée » de la pensée, & celle de l'éxistence, » étoient le premier anneau de la chaî- » ne des connoissances humaines. Tou- » tes les démonstrations de la Méta- » physique supposent une clarté d'idée » que nous n'avons pas. « Cette façon de répondre à des démonstrations est, comme l'on voit, fort ridicule. Mais malgré toute l'habileté, la profondeur de génie, & les connoissances prodigieuses dont les Encyclopédistes puissent se flatter & se complimenter eux-mêmes ; on les défie de faire plus qu'il n'ont fait. Il sera toujours impossible à toute la capacité de l'esprit humain de nous porter à douter que le tout soit plus grand que sa partie, que deux & deux fassent quatre, &c. &c. parce que rien ne peut ébranler la certitude qui naît de l'évidence. Mais quoiqu'il soit très-assuré que l'incrédulité n'a réellement aucun avantage sur la vérité, il n'en faut pas conclure que les objections qu'elle propose, ne sont pas dangereuses : tous les hommes ne sont pas également capables de juger de la valeur de ces objections. La plûpart même regardent une vérité comme douteuse si-tôt qu'ils la voyent attaquée, sur-tout lorsqu'ils ont une idée avantageuse de ceux qui la combattent.

C'est pourquoi les impies ne cessent de répéter leurs objections, quoiqu'on les ait souvent résolues. Leur intention est de faire accroire aux personnes peu instruites, que ces difficultés sont sans réponse : & c'est un devoir à tout Chrétien de ne pas négliger de répéter aussi les réponses solides à ces objections ; de mettre toujours en évidence les vérités que les Incrédules veulent faire oublier, de les retirer des nuages dont ils les couvrent, & de travailler infatigablement à les faire triompher de tous les assauts que les impies leur font à tout moment.

Outre ces Ouvrages de ténèbres dont le but principal est de détruire la Religion & les mœurs, combien de Livres qui, sur toutes sortes de prétextes, & sur toute espèce d'objets insinuent les plus dangereuses maximes? C'est au jugement d'un certain nombre de prétendus sages, (qu'on ne peut rendre trop odieux) se marquer au coin du génie, que de consacrer quelques-unes de ses pages au progrès de la Religion. Qu'on ne se plaigne donc pas de la multitude des témoins qui déposent pour la vérité, ni des voix qui réclament en sa faveur. Si l'on aime sincérement la Religion, on s'en tiendra à désirer que ceux qui entreprennent *de la venger* commencent par la bien connoître, & ne mêlent pas quelques vérités foiblement énoncées avec des erreurs qui ne peuvent que nuire à la vérité, de quelque manière délicate dont on les exprime.

J'ai vû quelques personnes prétendre qu'en développant les expressions captieuses des Incrédules, on trahissoit plus la vérité qu'on ne la servoit ; comme si la vérité avoit à craindre des efforts de l'erreur, & que ce fût faire tort aux hommes que de leur découvrir les embuches qu'on leur a tendues. Il n'appartient qu'aux inventions humaines d'être sujettes aux caprices des peuples, & d'être soumises à leur industrie. La vérité est immobile, & les hommes ne peuvent rien contr'elle. S'ils la contredisent, elle les condamne & les punit : s'ils la suivent, elle fait leur gloire & leur bonheur.

LIVRE PREMIER.

Qu'est-ce que l'homme ?

Sanctius his animal, mentisque capacius
  altæ,
Deerat adhuc, & quod dominari in cætera
  posset
Natus homo est. . . . . . .
                                Ovide.

LA matière que nous avons à traiter dans ce Livre est, sans doute, bien importante ; puisqu'il s'agit de savoir ce que c'est que l'homme.

Nous avons exposé assez au-long, dans la première Partie, l'idée que les Encyclopédistes s'en étoient formée. Ici, notre occupation doit être de réfuter d'une manière un peu étendue les diverses erreurs de ces Ecrivains sur la nature de l'homme, & de proposer de la façon la plus claire qu'il nous sera possible, les vrais principes, les vérités que nous connoissons sur ce sujet. Mais comme il nous sera impossible de réduire en système les diverses opinions des Encyclopédistes, puisqu'elles se contredisent, il sera nécessaire de répondre ensuite à celles qui n'ayant pas été réfutées d'abord, pourroient jetter quelqu'ombre sur les principes que nous aurions exposés ; & par ce moyen nous ferons connoître qu'on a satisfait à tout ce que les Encyclopédistes peuvent demander.

PREMIERE SECTION.

Réfutation des principes de Métaphysique des Encyclopédistes sur la nature de l'homme.

Terebrare cavas uteri, tentare latebras.

LA Métaphysique renferme les connoissances que la raison nous fournit, sur la nature & les propriétés des substances intelligentes, sur la nature & les attributs de Dieu, & de notre ame. Elle se partage donc naturellement en deux parties essentielles ; & c'est pourquoi nous en traitons dans deux Livres différens.

Dans celui-ci nous nous bornons à ce qui concerne la nature de notre ame & de ses propriétés. Est-elle une substance réellement distinguée de la matière, ou peut-elle n'en être qu'une simple propriété ? c'est la question qui partage les Incrédules du reste de l'univers. Nous allons examiner toutes les raisons de ceux qui voudroient confondre l'ame avec le corps. Cette discussion demande un peu de soin : voici l'ordre que nous comptons suivre.

Cette Section sera partagée en plusieurs Divisions générales.

Dans la première nous montrerons que la Métaphysique de M. Helvétius dans son Livre *de l'Esprit*, n'est en rien différente de celle des Encyclopédistes ; & que ce premier Auteur, à l'exemple de ses Maîtres, n'a fait que répéter & étendre les principes de Locke.

Dans la seconde nous renverserons ce que Locke avance contre le sentiment qu'il combat dans tout son premier Livre. Comme c'est là le point le plus important que de savoir si Locke a raison d'abandonner ce qu'il appelle lui même , *Le sentiment communément reçu* , cette Division sera fort étendue ; les autres demandent moins de discussion. On en verra les raisons à mesure qu'il sera nécessaire de les dire.

Dans la troisième nous éxaminerons ce que les Encyclopédistes ont ajoûté aux difficultés de Locke contre ce même sentiment.

La quatrième contiendra la réfutation du système que Locke propose.

Et la cinquième enfin l'examen des Articles de l'Encyclopédie qui supposent le système de Locke.

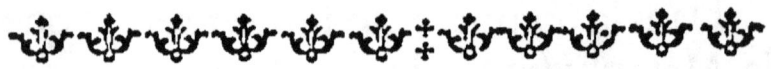

PREMIERE DIVISION.

Locke est le Maître des Encyclopédistes & de M. Helvétius.

. . . . . . Jurant in verba Magistri.

QUAND on voit nos Philosophes modernes vanter si haut les droits de la raison & de la liberté de penser, on est ensuite tout surpris de trouver que leurs productions ne sont que des copies, ou tout au plus des imitations qu'ils font de leurs Ouvrages réciproques. Locke a donné le branle à cette compagnie. Ces hommes qu'une certaine partie de nos contemporains regarde avec admiration, ne sont en effet que *des singes*, qui se modèlent les uns sur les autres. Ils se réduisent au même point où étoient nos vieux Scolastiques, qui pour prouver une opinion vous la montroient dans Aristote. La mode d'Aristote a passé, c'est Locke qui prévaut parmi nos *grands Génies* modernes; & pour eux, dire que Locke tient une opinion, ou la soûtenir évidente, c'est la même chose.

CHAPITRE I.

Ce qui a paru le plus extravagant dans le Livre de l'Esprit, est tiré de l'Encyclopédie.

LE Livre *de l'Esprit* est une de ces productions qui excitent en même temps l'étonnement, l'horreur & le mépris. Il n'y a pas un homme de bon sens, qui à la lecture d'un tel Ouvrage n'en porte le jugement qu'il mérite : je suis néanmoins obligé de dire, à la justification de M. Helvétius, que ce que son Livre contient de plus extravagant, est tiré de l'Encylopédie.

Qui n'a pas éprouvé l'indignation la plus forte, en voyant qu'on lui soûtenoit dans le Livre *de l'Esprit* que les hommes ne différoient du bœuf & du cheval, que parce que ces deux espèces d'animaux n'ont que de la corne au lieu de mains & de doigts fléxibles? que les singes pourroient être hommes, s'ils vivoient plus long-temps, & s'ils pouvoient éprouver de l'ennui?

On a cru ne devoir jetter que du ridicule sur une si extravagante doctrine; parce qu'il n'y a pas d'apparence, que personne se laisse persuader des absurdités de cette espéce. On a regardé Mr Helvétius comme un Philosophe insensé, & son Livre comme les songes monstreux d'un frénétique.

Mais cette fameuse Encyclopédie, que les Auteurs nous ont donnée comme l'entreprise la plus importante, & comme l'honneur de notre siècle, est-elle exempte de ces travers inconcevables reprochés à M. Helvétius? Non. Ce dernier n'a cru pouvoir entretenir le monde de ses imaginations qu'après avoir fait ses cours sous les Maîtres qu'il avoit adoptés, & tout son Livre n'est que le résultât de la doctrine Encyclopédique.

Je pourrois même ajoûter que, sur
a Métaphysique, M. Helvétius n'est

pas allé jusqu'aux derniers excès de M. Dalembert, & que les principes de *l'Esprit* ne font pas si extravagants que ceux de l'Encyclopédie. En effet, selon le Livre *de l'Esprit*, il est certain que les animaux & même les singes sont inférieurs à l'homme, & que la disposition de leurs organes les prive des connoissances que l'homme peut acquérir : mais, selon M. Dalembert, à l'article *Forme*, ces mêmes animaux font des réfléxions, & des réfléxions si grandes & suivies, si profondes, que nous ne saurons jamais jusqu'où ils les porteront.

Quoique M. Helvétius convienne avec les Encyclopédistes sur la pure matérialité de l'ame, il différe néanmoins d'eux, en ce qu'il reconnoît une différence certaine & essentielle entre les brutes & l'homme. Si la manière dont il s'y est pris pour éxaminer en détail les différences qu'il convient qui se trouvent entre les singes & l'homme, a excité les railleries de tout le monde, & le mépris général de son Livre ; c'est que les Encyclopédistes ayant retranché ces détails, s'en étoient tenus aux principes qui les établissent ; & la plûpart des Lecteurs ne s'en étoient pas apperçu.

Que l'on se rappelle la doctrine des Encyclopédistes sur la nature de l'homme, & que, partant de là, on examine le Livre *de l'Esprit* ; je suis persuadé qu'il n'y a pas un Lecteur qui y trouve d'autre différence que celle que je viens de remarquer.

Pourquoi traite-t-on dans le monde l'Encyclopédie avec plus de ménagement que le Livre de M. Helvétius ? Les principes sont-ils moins dangereux, moins impies, moins extravagants dans le Dictionnaire que dans ce Livre ? & des Auteurs qui enseignent les mêmes erreurs, ne sont-ils pas également coupables ?

Qu'enseigne l'Encyclopédie ? Nous l'avons fait voir dans nos deux premiers Volumes.

Elle enseigne que l'homme n'est pas essentiellement différent des bêtes.

Elle enseigne que tous les animaux parmi lesquels elle compte l'homme, ne diffèrent que du plus ou moins, d'une pierre & des autres minéraux.

Elle enseigne que l'homme n'a ni volonté ni liberté.

Elle enseigne que le souverain bien de l'homme consiste dans le plaisirs des sens.

Elle enseigne que la Loi naturelle, le droit naturel ne sont que des conventions humaines.

Elle enseigne que l'éxistence de Dieu n'est qu'une hypothèse.

Elle enseigne que la Religion Chrétienne n'est qu'un fanatisme aussi-bien que les autres Religions.

Le Livre *de l'Esprit* a-t-il pu porter l'impiété plus loin ? Lui étoit-il possible, quand il l'auroit voulu, de fournir plus d'absurdités, plus d'extravagances que ce Dictionnaire n'en renferme ?

C'est donc avec justice que j'ai confondu la réfutation de ces deux productions dans un même Ouvrage.

La sensibilité physique est, dit M. Helvétius, toute l'ame de l'homme : mais ne le dit-il pas d'après les articles de l'Encyclopédie, qui doivent contenir les principes sur cette matière. Tout ce que le Livre *de l'Esprit* nous fournit de prétendues preuves à ce sujet, n'est-il pas un résultat des articles *Evidence*, *Existence*, *Animal*, *Connoissance*, &c. &c. &c. de l'Encyclopédie ?

Il doit donc passer pour démontré contre les Encyclopédistes, que leur doctrine est celle qui, dans le Livre de

l'Esprit, a mérité l'indignation pu
lhorreur & le mépris universels.

CHAPITRE II.

Les Encyclopédistes, non plus que M. Helvétius, ne sont pas les créateurs même de ces extravagances.

IL ne faut pas, sans doute, des efforts prodigieux pour inventer un semblable systéme. Celui qui l'auroit le premier trouvé, n'en tireroit apparemment pas beaucoup de gloire & de réputation.

Néanmoins nos *Pascal* nouveaux ; (je veux dire, ceux qui prétendent penser mieux que lui) ne peuvent se glorifier de la découverte de ces *nouvelles opinions*. Que l'on se donne la peine d'éxaminer leurs Ouvrages, & je réponds qu'on n'y trouvera rien qui n'ait été avancé long-temps avant qu'ils fussent au monde. De manière que ce qu'ils nous donnent pour de *nouvelles vérités*, ne sont en effet que de *vieilles erreurs*. Ce qu'ils hazardent avec tant de suffisance contre la Religion & la Métaphysique, n'est qu'un *réchauffé* de Locke & de tous les Incrédules, qui les premiers ont osé contredire le sentiment universel. Nous aurons l'attention à chaque matière d'aller jusqu'aux sources mêmes où nos Auteurs ont puisé.

Il n'est, je crois, pas nécessaire d'entrer dans une longue discussion, pour montrer que la Métaphysique de l'Encyclopédie, aussi-bien que celle du Livre *de l'Esprit*, n'est que le résultat des opinions de Locke : nos Adversaires en conviennent, ou plutôt s'en font gloire. Tenons-nous-en à faire connoître, d'une manière générale, le rapport qu'il y a entre l'Essai sur l'entendement humain, l'Encyclopédie & le Livre *de l'Esprit*.

1°. Locke commence par prétendre que le sentiment général qui admet dans l'homme des connoissances, avant qu'il ait pu les tirer de l'usage & de l'exercice des sens, est faux & sans preuves. C'est en conséquence qu'il établit comme un principe évident, comme une *vérité* certaine, que nous devons à notre sens tous nos connoissances.

Les Encyclopédistes partent aussi de ce point. Tout ce qu'il y a de Métaphysique dans leur gros Dictionnaire, se réduit presqu'en entier à soûtenir cette opinion. Ce que les divers Auteurs des articles de l'Encyclopédie qui traitent de la Métaphysique, ont cru devoir faire, c'est de la tourner de toutes les manieres possibles : mais ce qu'ils disent pour l'appuyer, n'est que le résultat des raisons de Locke ; & quelques extravagances grossieres, qu'ils y ajoûtent, ne peuvent servir qu'à faire connoître la force du génie & du raisonnement des Disciples de cet Anglois.

M. Helvétius, gigantesquement enté sur tous ces Auteurs, vient ensuite mettre dans la derniere évidence la fausseté des principes de Locke. Mais ses réfléxions, non plus que celles des Encyclopédistes, ne peuvent avoir de fondement que d'après Locke : il est le soûtien général de toutes ces productions monstreuses, nous avons donc droit d'en conclure que Locke est le créateur de cette folle & présomptueuse Philosophie.

2°. Pour détruire la Loi naturelle, le Philosophe Anglois va chercher dans les relations de quelques voyageurs. Comme il ne peut détruire en lui-même, non plus que dans le cœur de ses Lecteurs ces notions primitives, qui sont les principes, & le fondement de toute obligation, il vaudroit au moins nous persuader qu'il se trouve des hommes qui n'en ont aucune idée, afin de nous préparer à croire que ces notions n'ont que les préjugés de l'éducation pour cause & pour origine.

C'est aussi la méthode de M. Helvétius, comme nous l'avons fait voir dans le troisième Volume, aussi-bien que celle des Encyclopédistes, ainsi qu'on le verra dans les Volumes suivans.

3°. C'est Locke qui a enseigné aux Encyclopédistes & à M. Helvétius, que l'immortalité & la spiritualité de l'ame n'étoient que des hypothèses. Si tous ses nouveaux Disciples ont, à l'égard de tous les points que nous venons de marquer, inventé quelque chose, ce ne peut être que la manière de les traiter. Locke l'avoit fait d'une façon simple & naturelle. Les Encyclopédistes & M. Helvétius ont abandonné ce style, & ont eu recours à un autre. Le langage figuré & pittoresque leur a semblé plus propre pour éblouir. Ils ont compté que le commun des Lecteurs se laissant entraîner à la beauté de la diction, ne s'appercevroient pas du défaut de leurs raisonnemens, & l'on peut même convenir qu'ils sont venus à bout de leur dessein, jusqu'à un certain point. Voilà tout ce que l'on peut leur attribuer sans leur faire le moindre tort.

Il ne faut donc pas les considérer comme des génies sublimes. Il ne faut pas regarder l'entreprise de les réfuter comme téméraire : mais il faut faire attention que des Philosophes qui eux-mêmes ne sont que des Disciples, ne peuvent jamais l'emporter sur leur Maître, si-tôt qu'ls ne font en tout que suivre ses leçons. Je suis bien-aise que mes Lecteurs s'accoûtument à regarder les Encyclopédistes sous ce point de vuë, plusieurs d'entr'eux rabattront beaucoup de l'idée qu'ils s'en étoient formée.

La suite de cette seconde Partie démontrera évidemment que dans les sujets où les Encyclopédistes n'avoient pas Locke pour Maître, ils ont eu recours à d'autres ; & l'on verra avec autant d'étonnement que d'indignation, que les principes de ces prétendus Philosophes ne sont que ceux de tous les Incrédules que l'on a cent fois confondus. Les Hobbes, les Spinosa, les Bayle & tous les Auteurs de ce caractère ont fourni la plus grande partie de l'Encyclopédie ; ces Auteurs avec Locke peuvent la disputer à ceux qui s'en disent les Auteurs.

CHAPITRE III.

Que la Métaphysique de l'Encyclopédie étant par lambeaux & sans suite, il faut la considérer d'abord dans le Livre de Locke où elle réduite en système.

Nous avons fait connoître dans la première Partie qu'il ne se trouvoit aucun ordre, aucun rapport, aucune liaison entre les divers articles de l'Encyclopédie. Le Lecteur en aura, sans doute, conclu la difficulté qu'il y auroit à réfuter un pareil cahos. Rien n'est plus ennuyeux qu'une espèce de commentaire sur tant de Textes désunis. Néanmoins si je ne les renverse pas tous, les Encyclopédistes ne manqueront pas de prétendre que ma réfutation n'est pas complette.

Mais pour faire connoître à tout le

monde le peu de solidité du système de Métaphysique qu'il leur a plu de *dépécer*. Prenons-le dans l'*Essai de l'entendement humain*. C'est là, comme nous l'avons dit dans notre Discours Préliminaire, le retranchement de ces Auteurs; suivons-les y donc.

Ce sera aussi toute notre occupation dans les Divisions suivantes.

Tout le Livre de Locke peut être considéré sous deux points de vuë différens. Ou comme renversant le *sentiment généralement établi*, (1) savoir, *que tous les hommes ont des idées innées*; ou comme proposant un autre système, selon lequel toutes nos idées nous viennent par les sens.

Le premier Livre de l'Essai Philosophique est destiné au premier objet, les trois autres sont pour appuyer le système de cet Auteur. Ce sera donc réfuter, comme l'on le doit, l'Encyclopédie, que de commencer par montrer aux Encyclopédistes que celui qu'ils regardent comme leur Maître, est un Maître d'erreur; après quoi nous leur ferons voir à quelles extravagances ils se sont livrés en voulant adopter les opinions de Locke : par ce

(1) A la tête de son second Livre.

moyen nous restituerons l'ordre qu'ils ont détruit.

Quiconque ne veut, dans ses Ecrits, suivre que la vérité, ne peut y mettre trop d'ordre & de clarté ; ce n'est au contraire qu'en faveur de l'obscurité, ou à l'abri des fausses lueurs, que l'erreur ose se produire.

Nous allons éxaminer avec assez d'étenduë les divers détours, les différentes adresses de Locke pour cacher sa foiblesse. La Section suivante est un peu longue : mais tous ceux qui sentiront combien il est important de détruire les fausses preuves des prétendus Métaphysiciens nouveaux, reconnoîtront aussi que je ne pouvois me dispenser d'y employer tout ce temps.

Avoir prouvé qu'on ne peut rien opposer de solide contre un sentiment, ou dire que ce sentiment est certain, c'est, je crois, la même chose ; puisque nous ne reconnoissons pour vrai que ce que nous concevons ne pouvoir être nié par aucune bonne raison. Si je démontre dans ma seconde Division, que tous les efforts de Locke ne peuvent rien contre le sentiment qu'il combat : si je prouve ensuite dans la troisième, que les Encyclopédistes n'ont rien ajoûté à la force des raisons de Locke; je pourrai en conclure que ce sentiment est certain. Quel avantage contre le nouveau système de Locke & de ses Sectateurs ! Avec quelle force ne viendrai-je pas après pour le renverser; & qui d'entre mes Lecteurs ne sera pas d'avance convaincu que ce système ne peut être que faux;

On ne doit pas croire pour cela que je perds de vue mes Adversaires; au contraire, tout ce que je dis contre Locke, retombe sur eux avec plus de force. Ce Philosophe avoit pu ne pas sentir toutes les extravagances où le portoient les principes qu'il avoit posés, au lieu que les Encyclopédistes, non-seulement n'ont pas été retenus par les conséquences, mais même se sont en quelque sorte efforcés à tirer les plus absurdes. Que l'on voye l'article *Droit naturel* de l'Encyclopédie, & que l'on juge par là du fruit que M. Diderot a fait à la lecture du second Chapitre du premier Livre de l'*Essai Philosophique*. A chaque objet particulier la réfutation de l'Encyclopédie suivra celle des principes de Locke; & les productions de mes Adversaires tiendront la place d'objections auxquelles je répondrai aussi éxactement que les choses le demanderont. Les articles de l'Encyclopédie qui traitent de la Métaphysique, ne sont assurément, pour la plûpart, guères dignes de l'attention des gens éclairés; mais ceux-ci ne sont pas les Lecteurs les plus nombreux.

Malgré les éloges fastueux que l'on lit au commencement du Livre de Locke, voyons s'il a mérité la confiance des Encyclopédistes. Voyons si c'est la force de son raisonnement, la solidité de ses preuves, ou au moins la grandeur & l'utilité de son entreprise, qui a pu lui gagner les esprits. Nous allons éxaminer tout cela, & mettre le Lecteur à portée d'en juger.

SECONDE DIVISION.

Locke n'a pas prouvé qu'il n'y a point de notions innées. Vains efforts de cet Auteur à ce sujet.

Ο τι γὰρ φύσις ἀνέρι δῶ τὸ δ'οὔ ποτ'αν ἐξέλοις.
Euripide.
N'enlevez pas aux hommes les avantages que leur donna la nature.

LE premier pas qu'il y ait à faire pour arriver au Matérialisme, est de soûtenir qu'il n'y a dans l'homme aucune notion, aucun principe, aucune idée innée. Car en les supposant, il faut nécessairement reconnoître une ame spirituelle. C'est aussi par là que Locke a cru devoir commencer. Il emploie tout son premier Livre à combattre les idées innées. Nous allons voir dans cette Section à quoi tous ses efforts aboutissent, & nous pourrons conclure à la fin, non-seulement que Locke ne les a pas détruites, mais même qu'il n'est pas entré dans la question, & qu'un sophisme perpétuel remplit tout le premier Livre.

CHAPITRE I.

Quel est le but de Locke ? & quel est mon dessein de l'éxamen de son premier Livre ?

Tous ceux qui ne se sont pas donné la peine d'éxaminer quels sont les points sur lesquels les Métaphysiciens Chrétiens s'élèvent contre Locke & ses Sectateurs, sont tentés de croire qu'il n'y a entr'eux que des différences peu importantes. Ce ne sont, dit-on, que des difficultés purement métaphysiques ; & dans cette matière abstraite, les illusions sont bien plus ordinaires qu'on ne pense. S'il est nécessaire de se bander l'esprit, de donner la torture à son intelligence pour percer dans ces hautes connoissances, il faut avouer qu'elles ne sont guères claires, ni intelligibles. Ainsi que ce soit Locke, ou ses Adversaires qui ayent raison, peu importe au commun des hommes.

Là-dessus, les Sectateurs de ce Philosophe Anglois, déja satisfaits de cette disposition, tâchent d'en tirer tout le parti qu'ils peuvent. Locke, disent-ils, a du moins cet avantage, que toutes ses assertions portent sur l'expérience, qu'il n'est pas semblable à ses Adversaires qui n'ont pour eux qu'un raisonnement abstrait, souvent obscur & inintelligible, par le moyen duquel ils voudroient en imposer aux hommes.

Tous les incrédules viennent ensuite, & disent: Locke n'est clair & démonstratif que sur les points où il renverse tous *ces préjugés qui subjuguent la foule des esprits.*

Mais qu'on ne s'imagine pas que tous ceux qui vantent Locke, l'ayent représenté au naturel, comme M. Helvétius l'a fait dans son Livre *de l'Esprit*. Ils se donnent tous au contraire bien de garde de faire trop sentir les conséquences nécessaires des principes de ce prétendu *créateur de la Métaphysique*. Il faut donc en quelque sorte avoir obligation à M. Helvétius, (je ne dis pas d'avoir publié son abominable doctrine,) mais d'avoir reconnu qu'il s'y étoit abandonné en suivant les idées de Locke. Qui osera après cela prendre le parti de cet Anglois ? Il faudroit qu'il démontrât que les principes de celui-ci ne peuvent conduire aux excès de celui-là ; & c'est ce que je défie au plus fier admirateur de Locke de tenter. Il ne faut même pas croire qu'ils travailleront à le justifier sur ces points. Leur dessein est de les soûtenir & de s'appuyer de l'autorité d'un Auteur dont le grand nombre ne se méfie pas assez. Ils feront bien tous leurs efforts pour donner à entendre que Locke a démontré tout ce qu'il avance, mais ils éviteront de dire tout ce qu'il a en effet avancé. La première chose que nous ayons à faire, est donc d'exposer simplement & clairement tout le système de Locke ; & nous verrons ensuite quelles sont les preuves sur lesquelles il se fonde. Je suis convaincu qu'en prenant ce parti, toutes les personnes sincères conviendront avec Mr. Helvétius, que tout le Livre *de l'Esprit* est renfermé dans l'*Essai Philosophique* de Locke ; & que le premier n'a fait qu'interpréter l'autre en le dégageant de tout ce qu'il pouvoit avoir de spécieux, qui empêchoit les Lecteurs de Locke d'en concevoir toute l'horreur qu'ils en auroient eu, s'il n'avoit apporté toutes sortes de précautions à la composition de son Ouvrage.

Locke entreprend de prouver que la *sensibilité physique seule produit*, & même constitue *toutes nos connoissances*: qu'il n'y a aucune idée primitive, aucune notion essentielle à l'esprit : que les sensations seules forment toute l'ame de l'homme. Les termes qu'il emploie, je le sais, ne sont pas si clairs, si déterminés que ceux de M. Helvétius : mais si Locke se sert des mots de *faculté*, de *capacité* & autres semblables, il faut convenir qu'en cela il a lui-même fait *abus des mots*. Son dessein principal, en un mot, est de dire qu'il est fort douteux que nous connoissions quelque chose que ce soit avec évidence & certitude ; & tous ses efforts ont pour objet de nous persuader qu'il n'y a aucun principe général assez évident, pour que tous les hommes doivent en convenir. Je sais qu'il paroît qu'il n'attaque tous ces principes généraux qu'en ce que l'on dit qu'ils sont innés dans l'homme : mais c'est justement en cela que cet Auteur est plus dangereux. Si Locke disoit tout ouvertement qu'il n'y a aucune vérité primitive & essentielle, par le moyen de laquelle tous les hommes, en faisant usage de leur raison, peuvent en venir à connoître les règles de leurs devoirs, auroit-il fait autant de mal qu'il en a fait ? Non, sans doute. Pourquoi cela ? C'est que chacun auroit éxaminé les preuves qu'il en apporte : & il y a peu de ses Lecteurs qui n'eussent reconnu que rien n'est plus hazardé que ce qu'il donne pour évident, ni de plus faux que ce qu'il avance comme certain.

Mais il suffit que Locke ne semble attaquer que les idées innées, pour rendre indifférent un grand nombre de ceux qui le lisent sur la validité & la force de ses preuves. On regarde comme une question peu importante de savoir si nous avons ou non des idées innées : & de là les ravages qu'a fait cet Auteur dans la Métaphysique ; ravages dont M. Helvétius vient de nous donner des marques si détestables.

Je voudrois bien savoir si tous ceux qui prononcent, d'après les suggestions des incrédules de nos jours, que les opinions de Locke ne sont que des opinions indifférentes, ont bien fait attention à ce qu'elles renferment, & au rapport qu'elles ont avec les dogmes de la Religion. Qu'importe, dit-on, que les idées soient ou ne soient pas innées ? Mais je demande à mon tour, qu'importe que les règles primitives & fondamentales du vrai & du juste éxistent ou n'éxistent pas ? C'est ici que l'on sent de quelle importance il est de ne pas passer légèrement sur cette question. Je n'ai plus présentement que deux mots à ajoûter. Si je démontre que Locke, sous prétexte de ne combattre que les idées innées, a réellement prétendu que tous ces principes ne sont fondés que sur les préjugés de l'éducation, & que tous ses efforts n'ont réellement que cela pour objet, & non ce qu'on appelle proprement les idées innées ; s'opiniatrera-t-on encore à prétendre que les opinions de Locke sont peu importantes ? Je ne parle ici que de ce qui concerne son premier Livre. Que prétend-il dans ce premier Livre ? Renverser le sentiment général qui consiste à croire que Dieu a gravé au fond du cœur de chaque homme les principes généraux de la Loi naturelle, de manière que chaque homme a, sans l'instruction des autres hommes, au moins une connoissance simple de ses premiers devoirs. Si Locke semble ne vouloir que combattre les idées innées, encore une fois c'est une adresse de sa part.

Ne voyons-nous pas les Encyclopédistes nous soûtenir qu'on les appelle Matérialistes, parce qu'ils ne croient pas les idées innées ? Langage insidieux. On a travaillé à brouiller les matières sur cet objet, de telle sorte que sous le nom d'idées innées on a trouvé le moyen de combattre tous les principes fondamentaux de la Métaphysique & de la Morale. De deux choses l'une. 1°. Ou l'on peut soûtenir l'existence de la connoissance de tous ces principes dans le cœur de chaque homme préalablement à toute instruction, en attaquant les idées innées ; & dès lors cela ne formera plus une difficulté, par rapport à la Morale, qui soit fort importante. Il restera ensuite, pour la Métaphysique, à considérer en quoi consiste l'essence de cette substance spirituelle qui est dans l'homme, & qui, malgré tous les Locke de la terre, ne peut, étant substance, n'être qu'une simple faculté ou capacité, comme nous le ferons voir en son lieu. Mais supposons que les Sectateurs de Locke vinssent à bout de conserver les vérités de raison & de foi que je soûtiens être attaquées sous le nom d'idées & de principes innés, il resteroit encore à voir si en effet Locke a démontré que dans ce sens il n'y a point d'idées innées.

2°. Mais si l'on ne peut combattre les idées innées sans détruire ces mêmes vérités, principes de toute Métaphysique & de toute Morale, il faut convenir que Locke, en tâchant de les détruire, a posé un fondement d'incrédulité, qui a d'abord contre lui tous les préjugés légitimes de la Religion, de la conscience & du sens commun de tout l'univers; qu'ainsi, à moins qu'il ne produise des raisons fortes, des objections insolubles, rien n'est plus odieux que son Ouvrage, & que les hommes doivent en avoir tout le mépris & l'horreur que méritent ces paradoxes extravagans, qui n'ont d'autre utilité que de séduire des ames corrompues, disposées à chercher des prétextes de doute sur les règles de conduite les plus indispensables.

Voici deux objets que nous ne devons pas perdre de vûe dans l'examen que nous allons faire du premier Livre de Locke. 1°. Peut-on, en reconnoissant une substance spirituelle dans l'homme, combattre ce que prétend détruire Locke dans ce Livre ? Peut-on aussi reconnoître une Loi naturelle, en pensant comme il le fait ? 2°. Les efforts de Locke sont-ils suffisans pour vaincre les Adversaires qu'il attaque ? Tous ses raisonnemens ne sont-ils pas des sophismes ?

Mais il est bon d'observer que Locke s'est servi d'un détours, qui est très-propre à en imposer au commun de ses Lecteurs. C'est de faire lui-même, & de faire à son avantage, les objections auxquelles il répond, & de ne pas rapporter celles auxquelles il auroit dû répondre.

On conçoit assez l'avantage qu'un Auteur tire de cette manière d'écrire, vis-à-vis des gens peu attentifs. Lorsqu'ils voient un Ecrivain entasser plusieurs objections l'une sur l'autre, & répondre à toutes avec un air triomphant, ils présument que cet homme est en état de faire tête à tout Adversaire; & que ce qu'on pourroit lui objecter, est prévenu d'avance dans son Ouvrage.

Si je ne voulois que démontrer à la rigueur & simplement que Locke n'a pas détruit les notions communes, les principes, ni même les idées innées, il ne me seroit pas nécessaire pour cela de le suivre dans le détail de toutes les réponses aux objections qu'il s'est faites lui-même. Je m'en tiendrois à lui en faire d'autres, auxquelles je défierois de répondre en soûtenant ses principes ; & je ferois voir en deux mots ensuite que les siennes ne peuvent être proposées que par des gens qui favorisent sa cause.

Mais comme j'ai à faire à des Adversaires qui ne sont pas trop disposés à convenir de la justice & de la vérité de ma censure, ils ne manqueroient pas d'en prendre sujet de dire que je n'ai osé entreprendre de suivre Locke, & qu'après avoir attaqué ses principes j'en ai laissé subsister les preuves. Pour les satisfaire donc dans tous les points, je considérerai toutes ces objections & les réponses que cet Auteur y fait ; & pour ne pas travailler infructueusement sur ce sujet, je ferai la discussion de ces réponses de manière à faire connoître toutes les prétentions de mon Adversaire. Par là je justifierai le reproche que je lui fais de vouloir renverser toute Métaphysique & toute Morale ; & par occasion je montrerai que les écarts monstrueux de l'Encyclopédie, aussi bien que les horreurs du Livre *de l'Esprit*, ne sont que des conséquences des principes que Locke établit contre les notions innées. En deux mots, que prétend Locke ? que combat Locke ? comment Locke le combat-il ? & par quelles armes ? Voilà tout le sujet de cette Section.

Mais comme tous les Lecteurs ne sont pas obligés de savoir ce que c'est qu'*un principe inné*, *une idée innée*, ce que signifie ce mot *inné*, dans quel divers sens on le peut entendre, il est bon d'expliquer cette matière ; afin qu'ils puissent connoître pourquoi & comment on prétend que Locke est répréhensible. C'est ce qu'il me reste à faire avant que d'entrer en lice, & ce sera le sujet du Chapitre suivant.

CHAPITRE II.

Quel est le véritable état de la question à éxaminer ? Qu'entend-on par principes & par idées innés ? Et dans quel sens Locke prétend-il les combattre ?

L'Homme en sortant des mains divines de son Créateur se regarde avec une orgueilleuse complaisance : par une curiosité présomptueuse il veut éxaminer les motifs des Loix de son Souverain, & pénétrer jusqu'au sein de Dieu même pour y chercher l'essence du bien & la nature du mal. Non content de connoître ses devoirs, il veut en connoître & en comprendre toutes les raisons. Son orgueil le précipite dans un abysme d'ignorance, & le soumet à cet ennemi cruel qui incline son cœur vers le mal. Exemple effrayant & terrible, mais dont la juste rigueur n'a pas empêché ses descendans d'imiter sa révolte.

Avouons-le à la honte de l'humanité, il s'est trouvé, dans presque tous les siècles, des hommes si follement prévenus en leurs propres lumières, qu'ils se sont jugés capables de tout connoître : mais comme ils ne pouvoient déchoir que de l'état même où le péché avoit réduit le premier homme, ils n'ont pas eu honte de se mêler & de se confondre avec les brutes. Ils en sont même venus au point de s'en faire gloire : cette dégradation n'a eu, pour eux, rien d'odieux. Satisfaits de braver le Tout-puissant lui-même, ils ont consenti à n'être que des animaux, pourvu qu'on les laissât dans la libre possession du partage des brutes. Encore s'ils en étoient restés même à ces honteux excès ; mais non, pour s'étourdir sur les remors de la conscience, ils ont voulu ériger en système les principes de leur conduite, & abuser de leur esprit & de leur raison, même pour se prouver qu'ils n'en avoient point. Telle est l'origine de cette prétendue Philosophie que j'entreprends de combattre. Examinons les divers pas que les hommes ont faits pour y arriver, ce sera le moyen de faire entendre clairement en quoi consiste la question qui me partage d'avec Locke & ses Sectateurs.

1°. Le premier pas qu'il a fallu faire,

étoit d'anéantir la croyance d'une autre vie. Ce principe, dont on voit des marques jusques chez les barbares les plus sauvages, (1) s'oppose invinciblement au systême monstrueux des impies: il falloit donc le rejetter. Mais comment s'y prendre? C'est d'abord en demandant raison de ce sentiment intérieur qui nous *la promet bien plus qu'il ne nous suggère les raisonnemens par lesquels on la prouve.* C'étoit à ce premier point qu'il falloit arrêter ces impies, & leur faire la question de M. Rousseau. Peut-on demander la raison d'un sentiment si naturel?

2°. Mais on a écouté leurs demandes; & sur la réponse qu'on leur a faite, par l'éxistence d'une substance spirituelle & pensante, ils ont imaginé des difficultés à la faveur desquelles ils comptent renverser toutes les preuves que l'on apporte de cette vérité. Comme le langage des hommes est fait pour les mettre à portée de se rendre mutuellement les secours dont ils ont besoin, & qu'ils peuvent se procurer réciproquement; il a beaucoup plus de rapport aux ob-

──────────
(1) Voyez la preuve de cette assertion dans le troisième Livre de cette seconde Partie.

jets qui concernent leurs corps, qu'à ceux qui regardent l'ame. Ceux qui ont voulu s'énoncer sur la nature de cette substance, ont cependant été forcés d'avoir recours à ce langage. Mais comment pouvoient-ils s'exprimer exactement, ne pouvant le faire qu'en un style de figures & de métaphores ? De là l'obscurité qui régne à cet égard dans les Ecrits des premiers Philosophes. Ceux qui sont venus ensuite, ont mis tous leurs soins à consacrer certains termes, certaines expressions pour expliquer plus clairement & avec moins d'équivoque leur doctrine sur la nature de l'ame : mais ce nouveau langage n'étant à l'usage que des Philosophes, les impies en ont pris occasion de le tourner en ridicule parmi le peuple, qui a cru que ces Philosophes consumoient en effet tous leurs soins & toutes leurs applications à courir après des chimères. Fiers de cet avantage, les impies en ont conclu que le peuple avoit la même opinion que celle qu'ils tenoient eux-mêmes ; & à moins que de simplifier la question que l'on en feroit au peuple, il pourroit bien arriver qu'il l'avouât. Mais que l'on demande au plus ignorant d'entre ce peuple, je dis même au plus stupide des sauvages, (supposé que l'on vînt à bout de lui faire entendre ce que c'est qu'on lui demande) s'il croit qu'il sera totalement anéanti après la mort ; je défie au plus habile des incrédules de lui faire dire qu'il le croit. Et le doute à ce sujet suffit pour démontrer que ce sauvage a l'idée d'une autre vie, puisque sans cela il ne douteroit pas. Revenons. C'est donc par la difficulté de trouver, dans l'usage ordinaire des langues, des expressions propres à ce qui concerne l'ame, que les incrédules ont trouvé le moyen de donner un air de spécieux à leurs objections.

3°. Lorsqu'on en est venu au point de pouvoir leur démontrer clairement par un langage propre & cependant tiré de l'usage ordinaire, on leur a fait perdre ce premier avantage, & ils ont été dans la nécessité de recourir à d'autres moyens. Le premier qu'ils ont imaginé, a été de prendre ce même langage que les Philosophes avoient abandonné, pour chercher au moins à dérober au peuple la connoissance de leur défaite. C'est pourquoi nous voyons les incrédules modernes se servir des termes de *capacité*, de *faculté*, de *puissance*, pour exprimer des choses qu'ils ne peuvent définir. Locke appelle l'ame une capacité à recevoir toutes les connoissances : il l'a fait consister dans la faculté de recevoir des idées. La doctrine des Encyclopédistes, de même que celle de M. Helvétius, consiste à dire que l'ame est la *faculté de sentir*, ou la *sensibilité physique*. Il faut avouer qu'en cela ils ont tiré l'avantage qu'ils s'en étoient promis. Car qui d'entre le peuple est en état de connoître que ces Auteurs ne peuvent rien exprimer par ces mots obscurs & confus ? Le second moyen que les incrédules ont trouvé pour résister à la vérité qui les presse, a été de chicaner d'une manière ridicule sur quelques expressions employées par les Philosophes ; & les prenant dans un sens propre, au lieu du sens figuré qu'on prétendoit leur donner, ils ont feint d'avoir renversé tout ce que ces Philosophes avoient établi. C'est pourquoi nous voyons Locke & ses Disciples triompher sur l'interprétation de ces mots *imprimées, gravées, innées*. Ils demandent avec autant de mauvaise foi que d'absurdité, comment des connoissances peuvent être imprimées sur une substance purement spirituelle ; comment elles peuvent y être gravées. Il suffiroit de leur répondre que l'on satisfera à leurs questions, quand ils les feront dans le dessein de s'instruire, & non dans celui de résister à leur propre conscience. Qu'ils tournent donc aussi en ridicule (c'est une audace impie qui leur est assez fréquente,) ces paroles que la Divinité même met dans la bouche des hommes : *Signatum est super nos lumen vultûs tui.* La lumière de votre visage est gravée sur nous. Quoi ! ne peuvent-ils comprendre ce que le plus simple d'entre le peuple conçoit ? Veut-on par ces expressions signifier autre chose, si ce n'est qu'il y a dans l'ame des connoissances qui n'y sont point entrées par les sens ? que l'éducation & les sens ne sont pas les seules sources de toutes nos instructions ? Qu'ils me disent eux-mêmes pourquoi un enfant rougit lorsqu'il est convaincu d'une faute ? & s'ils pensent qu'il ait fallu instruire cet enfant du moment & des circonstances où il devoit rougir ?

Le troisième moyen des incrédules c'est de former des systêmes, selon lesquels ils prétendent faire concevoir que, les sens donnés, l'homme peut acquérir toutes les connoissances dont il est susceptibles. C'est la dernière de leur ressource ; celle que Locke a proposée, que M. l'Abbé de Condillac a expliquée dans un Traité fait exprès, & que l'Encyclopédiste Auteur de l'article *Existence* a suivie dans le *Dictionnaire raisonné des sciences & des arts* : enfin c'est le lieu commun de tous les Auteurs de cette trempe. Nous l'examinerons, ce moyen, dans les Sections suivantes.

Tous ces divers efforts tendent donc à faire méconnoître cette substance spirituelle, qui dans les hommes leur promet une autre vie, & les force à respecter des Loix qu'ils ne peuvent entièrement oublier, & qui les obligent à la pratique de certains devoirs.

Les tentatives des incrédules n'ont pas épargné ces Loix. Il falloit apporter tous ses soins à l'établissement de l'impiété ; & supposé qu'indépendamment des suggestions contre l'immortalité de l'homme considéré comme pensant, il eût persisté dans la croyance des devoirs que ces Loix imposent, toutes les peines des incrédules eussent été inutiles ; ils n'en auroient tiré aucun des avantages qu'ils s'en promettoient. Comment s'y s'y sont-ils donc pris, pour détruire la Loi naturelle ? Le voici.

1°. Nous avons, ont-ils dit, démontré (car ce terme leur est fort familier) qu'il ne pouvoit y avoir de principes innés, mais que toutes les connoissances de l'homme lui sont venus par les sens. Nous avons fait voir que toutes les règles générales, que l'on appelle principes de la Loi naturelle, ne sont que des raisonnemens, que les hommes ont appris à former, ou plutôt qu'ils ne sont que des mots qu'ils ont répétés après les avoir entendu dire aux autres : que non-seulement tous les hommes ne conviennent pas entr'eux de la vérité & de la justice de ces règles, mais qu'une grande partie des hommes n'en ont aucune connoissance, & que plusieurs même d'entr'eux les contestent ; qu'ainsi il n'y a aucune idée primitive & essentielle du juste & de l'injuste : que le terme *bon* & celui *méchant* n'ont été *créés* que pour exprimer la qualité physique des êtres, c'est-à-dire, pour faire connoître si un être, quel qu'il soit, nous fait éprouver du plaisir ou de la douleur. Qu'il n'y a réellement aucune autre différence entre le scélérat qui nous ôte la vie, & l'honnête homme qui nous oblige, que celle qui se trouve entre le poison qui nous tue, ou le mets délicieux qui nous cause une agréable sensation. *On ne peut penser autrement, sans admettre les idées innées.* Elles sont démontrées fausses ; recevez donc nos principes.

2°. Si vous persistez à vouloir leur faire écouter au fond de leur propre cœur le démenti formel que la conscience donne à tous ces sophismes impies, ils vous interpelleront de leur citer ces principes que vous prétendez être gravés au fond du cœur des hommes par la main même du Créateur. Plaisante demande ! nous en ferons assez connoître le ridicule ci-après. Que ne demandoient-ils aussi qu'on leur dît en quelle langue & de quels caractères ces Loix sont imprimées.

Il s'est trouvé quelques personnes, plus zélées qu'éclairées, qui ont entrepris en effet d'en donner la liste. Ils n'ont fait par-là que fournir aux incrédules, sinon des armes, au moins des prétextes pour appuyer leurs paradoxes.

On ne dira jamais rien de solide sur la nature de l'homme, sans le secours de la révélation. C'est là seul qu'il faut aller chercher des armes pour terrasser les impies. Disons-leur donc que l'homme, dans l'état où le péché l'a réduit, est tellement déchu de sa connoissance & de sa rectitude primitive, qu'il ne lui reste qu'un souvenir confus de sa grandeur passée, une réclamation intérieure contre son injustice présente, un desir inefficace de la perfection, & un penchant nécessaire vers le bonheur. Disons-leur que l'homme a bien, dans cet état, assez de connoissance pour être coupable, mais qu'il n'en a pas en effet assez par lui-même pour devenir vertueux. Avouons-leur que l'homme a besoin du secours de Dieu, non-seulement pour vouloir & pouvoir s'acquiter de ses obligations, mais encore pour les connoître. Que les foibles lumières, que les ravages du péché n'ont pas détruites en lui, ne consistent qu'en ce qu'*il ne se peut cacher son injustice, qu'il faut qu'il se l'avoue*. Que cette condamnation que la conscience porte des actions vicieuses, est bien à la vérité fondée sur des principes clairs, lumineux, éternels; mais que l'homme ne peut les appercevoir dans tout leur éclat. Que l'homme abandonné à ses propres lumières ne connoîtra pas mieux ses devoirs, qu'il ne les pratiquera sans autre secours que ses propres forces.

Après ces aveux de notre part, qu'ils nous disent si ces lumières, toutes foibles qu'elles sont, ne doivent pas être appellées des connoissances ; si ces connoissances, se trouvant dans tous les hommes, & ne pouvant absolument être effacées de leur cœur, ne doivent pas être considérées comme des impressions du doigt de la Divinité même ? S'ils ne veulent pas en convenir, qu'ils confessent du moins, qu'ils n'en ont pas d'autre raison que l'opiniâtreté à soûtenir l'incrédulité. Qu'en conséquence ils se rendent indignes de l'attention des autres hommes, dont ils se séparent pour faire bande avec les animaux ; & qu'ils reconnoissent que ce ne peut être qu'en vertu des obligations que nous imposent ces mêmes Loix qu'ils voudroient anéantir, que nous persistons dans le dessein de les rappeller à la vérité.

C'est uniquement dans cette vuë, qu'après avoir éxaminé & fixé en général l'état de la question, nous allons travailler à faire connoître que tout le Livre de Locke ne tend qu'à anéantir l'ame, & la Loi naturelle ; qu'il employe réellement les moyens dont nous venons de faire mention : que cependant, malgré tous ses efforts, il n'a pu rien proposer de solide contre les vérités qu'il attaque. Voyons d'abord ce qu'il nous propose contre les principes généraux de spéculation : c'est le sujet de son premier Chapitre ; mais il est assez long pour faire la matière de plusieurs des nôtres.

CHAPITRE III.

Locke avoue qu'il abandonne le consentement général des hommes.

Locke commence d'abord par convenir que le sentiment qu'il entreprend de combattre, *est le plus communément reçu.* (1) Il nous avertit donc qu'il va *prendre un chemin qui l'écarte de la route ordinaire.* Cet avertissement suffit

(1) Page 19. I. Vol. *Edition 4. Vol. in-12. à Amsterdam* 1758. Je l'ai suivie dans tout cet Examen.

pour porter les personnes prudentes à prendre toutes les précautions nécessaires en lisant un tel Ouvrage.

Quand un homme vous dit tout simplement qu'il veut penser & parler d'après lui-même ; que ses sentimens lui sont particuliers ; qu'il compte pour rien celui des autres ; que le reste du monde est dans l'erreur ; qu'enfin lui seul connoît la vérité : il est certain qu'il se met dans le cas de subir un examen rigoureux. Il ne doit pas trouver étrange que le monde lui demande raison du jugement qu'il porte contre ce que tous les autres croient, & éxige de lui des preuves décisives des opinions qu'il soûtient, & qu'il propose à la croyance des autres.

Tel est le cas dans lequel Locke s'est mis lui-même : nous pouvons donc avec justice lui demander des démonstrations, & le traiter, s'il n'en donne pas, comme un orgueilleux qui veut faire passer son ignorance même pour les lumières de la vérité. Il ne suffit pas, pour éviter la condamnation que je viens de dire, que Locke apporte des objections contre le sentiment général. Y a-t-il quelque vérité contre laquelle on ne pût en former ? L'évidence elle-même n'en seroit pas exempte, si l'on vouloit absolument la contredire, ce qui ne doit pas donner occasion de douter des choses certaines, comme font les Pyrrhoniens ; mais au contraire retenir les vaines chicannes des Philosophes orgueilleux.

Je sais que nos prétendus beaux esprits ne conviennent pas avec moi de la justice du procédé dont je viens de parler. Ils veulent au contraire que l'on traite avec (presque) vénération tous ceux qui ont le courage d'enseigner des *opinions nouvelles* : mais je sais aussi que tous les efforts qu'ils font pour le persuader, ne viennent que du sentiment intérieur qu'ils ont de leur propre foiblesse. Ils nous font connoître par là l'endroit où nous devons porter nos coups : frapons donc, la victoire est assûrée.

Tous mes Adversaires, qui ont adopté les opinions de Locke, prétendent qu'il étoit né pour éclairer l'univers enveloppé dans les ténèbres de l'ignorance. Leur enthousiasme, à la vue de ce qu'a fait Locke, les a portés à lui donner l'épithète emphatique de *créateur*. Mais ce n'est pas dans cette Section que nous devons le considérer sous ce point de vue ; il ne se présente ici que comme destructeur. Il entreprend de faire connoître aux hommes qu'ils ont tous été dans l'erreur, en croyant qu'il y a certains principes généraux de raisonnemens & de conduite qu'ils n'avoient appris de personne, mais qui étoient des effets nécessaires des propriétés essentielles de cette substance pensante qu'ils nomment leur *ame*.

C'est, dit Locke, une opinion généralement reçue, qu'un esprit, par cela même qu'il est esprit, doit avoir des connoissances ; qu'il doit savoir qu'il éxiste, qu'il pense à quelque objet, &c. Que si Dieu créoit actuellement un esprit qu'il ne destinât pas à animer un corps, cet esprit auroit, sans doute, des connoissances & des volontés. Je le sais, dit Locke, voilà ce que tout le monde croit. Eh bien, tout le monde se trompe : (1) » Si j'avois affaire
» à des Lecteurs dégagés de tout pré-
» jugé, je n'aurois, pour les convaincre
» de la fausseté de cette supposition,
» qu'à leur montrer (comme j'espére
» le faire dans les autres Parties de cet

(1) Tome 1, page 18.

» Ouvrage,) que les hommes peuvent
» acquérir toutes les connoissances qu'ils
» ont, par le simple usage de leurs fa-
» cultés naturelles « (c'est-à-dire de leurs
sens) » sans le secours d'aucune impres-
» sion innée. «

En effet, tant que les hommes ne seront pas disposés à croire que c'est par les sens qu'ils ont acquis les idées, par exemple, de la vérité, de la justice, de notre éxistence, &c. &c. &c. qu'elles sont entrées en eux par les yeux ou les oreilles, on aura beaucoup de peine à leur faire entendre qu'ils ont formé ce jugement, *Je suis assuré que j'éxiste*, par les mêmes moyens, de la même manière que celui-ci, *Je vois que cette neige est blanche.* C'est ce que Locke va faire, à ce qu'il croit, dans ce premier Livre : dans les autres il nous montrera le canal par lequel l'idée de l'*éxistence* a coulé jusque dans l'ame.

Mais Locke a-t-il au moins agi avec sincérité dans ce premier Livre ? Expose-t-il toutes les raisons sur lesquelles les hommes *ont reçu généralement* les sentimens qu'il combat ? Nous allons d'abord voir comment il prétend que ses Adversaires raisonnent. Nous lui montrerons ensuite qu'il n'est que trop vrai, comme nous l'avons déjà observé, que les Philosophes nouveaux emploient toute espèce de moyens pour soûtenir leurs opinions, ou combattre les sentimens *généralement reçus*, c'est-à-dire les vérités qui leur déplaisent.

CHAPITRE IV.

Premier & principal argument de Locke contre les principes innés, renversé.

LE premier & le principal argument de Locke contre les principes innés, (c'est-à-dire, contre les connoissances générales, fondement de la conscience que tout homme sent en soi-même,) c'est qu'il n'y a aucun principe, si général qu'on le suppose, qui entraîne avec lui *le consentement universel* de tous les hommes (1) ; & que quand même ce fait seroit certain, quand il y auroit des vérités sur lesquelles tout le genre humain seroit d'accord, ce consen-

(1) Tome 1. page 20.

tement universel ne prouveroit pas que ces vérités fussent innées.

Ces deux prétentions de notre Auteur vont faire l'objet des deux Articles de ce Chapitre.

ARTICLE I.

Examen de la première prétention de Locke.

Voyons comment Locke va prouver qu'il n'y a absolument aucune vérité sur laquelle tout le genre humain soit d'accord.

Pour éviter le reproche de vouloir chicanner Locke, prenons les exemples qu'il a lui-même choisis. Il en cite deux, qui sont, dit-il, des *notions spéculatives auxquelles on donne préférablement à toute autre la qualité de principes innés* : Tout ce qui est, est ; & il est impossible qu'une chose soit & ne soit pas en même temps.

„ (1) Ces propositions, dit l'Auteur,
„ ont passé si constamment pour des
„ maximes universellement reçues, qu'on
„ trouvera, sans doute, fort étrange ”

(1) Tome 1. page 21.

» que qui que ce soit ose leur disputer
» ce titre. Cependant je prendrai la
» liberté de dire, que tant s'en faut
» qu'on donne un consentement général
» à ces deux propositions, qu'il y a une
» grande partie du genre humain à qui
» elles ne sont pas même connues. «

1°. La première observation que je vous ferai, c'est qu'il étoit fort inutile de citer ce principe sous deux expressions différentes : car en bonne foi, n'est-ce pas la même chose de dire que *tout ce qui est, est;* ou bien de dire qu'il faut qu'une chose *soit* quand elle *est?* mais c'est une faute peu importante.

2°. Vous avez grande raison de craindre qu'on ne *trouve fort étrange la liberté que vous prenez de dire* que ces maximes ne sont pas en effet *universellement reçues.* Dites-moi : avez-vous quelquefois trouvé des gens, dans quelque coin du monde que vous ayez cherché, qui soûtinssent qu'une même chose peut tout à la fois être & n'être pas? Voilà cependant ce qu'il faudroit soûtenir & prouver; sans quoi tout votre argument ne signifie rien de raisonnable.

3°. Pour vous sauver à l'aide d'une

équivoque, vous dites *qu'il y a une grande partie du genre humain à qui ces propositions ne sont pas même connues.* Comme c'est-là le point décisif de notre question, arrêtons-nous-y un moment; le reste de votre Livre ne nous embarrassera guères, quand cet objet sera éclairci.

Voici votre raisonnement dans toute sa force.

Si la connoissance de ce principe étoit *innée*, c'est-à-dire, indépendante de toute acquisition, elle devroit se trouver dans tous les hommes, & s'y trouver la même : or est-il que tous les hommes ne l'ont pas. Il y a, dites-vous, *une grande partie du genre humain* privée de cette connoissance. Ainsi elle n'est point en nous avant toute acquisition. Ce que l'on m'objecte, ajoûtez-vous, n'entre point du tout dans la question. Je ne dis pas qu'il y a des hommes qui contestent la vérité de ces principes; je sais qu'il est impossible d'en douter dès qu'on les connoît. Ce que je prétends, c'est qu'il y a des hommes à qui ils ne sont pas connus. Cela me suffit, pour conclure qu'*ils ne sont pas généralement reçus* ; parce que qui dit *reçus*, suppose la connoissance du principe auquel on donne son acquiescement.

Mais croyez-vous que votre détour change effectivement la nature de la question ? Pensez-vous avoir beaucoup gagné ? Tirons de notre côté tous les avantages que vos aveux nous fournissent ; nous allons ensuite vous faire voir la force de votre argument.

Vous convenez donc d'abord qu'il seroit absurde de prétendre qu'il pût y avoir un seul homme, qui contestât la vérité du principe *ce qui est, est* ; si-tôt qu'il en a connoissance. Vous avouez qu'on ne peut en douter. Savez-vous où vous conduit ce premier pas ? Le voici.

Il y a certains principes si évidens, qu'il est impossible à l'homme d'en contester la vérité. Tout homme les reconnoît pour vrais. Il ne peut y avoir que l'ignorance qui puisse empêcher d'y acquiescer ; mais elle ne peut faire qu'on les conteste. Donc ces principes sont tellement gravés dans l'esprit de tous les hommes, que rien ne peut les y effacer. Vous ne l'auriez pas cru, que l'on dût tirer cette conclusion même de vos principes, il faut vous le démontrer.

Quand on dit d'un principe qu'il est *gravé* dans l'esprit de l'homme, quand on dit que certaines vérités y sont *empreintes*, cela ne signifie pas que ce principe y est écrit dans une liste qui forme comme un catalogue de principes. On ne veut pas dire non plus que ces vérités sont empreintes sur la substance de l'ame comme un cachet sur de la cire. Rien n'est donc plus ridicule que de chicanner sur ces termes. On veut dire que la connoissance de la vérité de ce principe, que les connoissances de ces vérités innées sont si essentielles à l'ame, qu'elle ne peut se les dérober à elle-même, si-tôt qu'elle y fait réflexion. Vous soûtenez que si cette connoissance étoit essentielle à l'ame, elle l'auroit toujours. Sans doute elle l'a toujours. Comment prouveriez-vous le contraire ? C'est, dites-vous, en montrant qu'elle n'y pense pas toujours. Elle devroit avoir ces connoissances toujours présentes, si elles lui étoient naturelles. Mais puisque vous prétendez *démontrer*, il faudroit donc nous *démontrer* que l'ame doit perpétuellement former & répéter ce principe, *tout ce qui est, est ;* pour qu'il fut inné. Vous supposez cela nécessaire, & d'après cette supposition vous concluez la négative ? Voilà une méthode toute nouvelle. Vous en êtes, sans doute, *le créateur*. Je vous soûtiens que cette connoissance est naturelle à l'ame; & cependant je conviens avec vous qu'elle ne réfléchit pas toujours à cette connoissance, qu'elle n'y donne pas toujours une attention expresse. J'aimerois autant soûtenir que l'ame n'a pas *la faculté de vouloir* (pour me servir de vos termes) parce qu'elle ne forme pas à tout instant un acte réfléchi de volonté. Peut-il se trouver un homme qui reste dans le doute, si-tôt qu'on lui demande (dans un langage qu'il entend) si une chose est, quand elle est ? Ne répondra t-il pas toujours *oui*. Donc toujours il en connoît la vérité, quoiqu'il ne fasse pas à tout instant un acte d'acquiescement. Voilà où conduisent les aveux que vous venez de me faire. Vous avez, je le sais, plusieurs difficultés qui vous paroissent fort grandes à m'opposer; je vous suivrai par-tout. Il s'agit ici du fondement de votre systême. Ecoutons vos raisons.

„ (1) Il est clair, dites-vous, que les

(1) Tome 1. page 21.

» enfans & les idiots n'ont pas la moin-
» dre idée de ces principes, & qu'ils n'y
» pensent en aucune manière ; ce qui
» suffit pour détruire ce consentement
» universel, que toutes les vérités in-
» nées doivent produire nécessairement. «

Comment prouvez-vous que *cela est clair* ? Suffit-il donc de le dire ? Votre autorité a-t-elle assez de poids pour décider tout-d'un-coup la question ? Quoi ! ne vous appercevez-vous pas que vous commettez ici la plus grande faute dans le raisonnement ? Cette faute consiste à supposer ce qui est en question. C'est, disent les Logiciens, *une pétition de principe*. On vous soûtient que les notions dont vous parlez, sont dans l'esprit de tous les hommes avant toute acquisition ; c'est-à-dire, que l'on vous soûtient que les enfans & les idiots ont ces notions. Vous prétendez le contraire ; & pour prouver votre opinion, vous l'avancez comme une principe incontestable. *Il est clair*, dites-vous ? Non, Monsieur, il n'est pas clair, puisqu'on soûtient le contraire.

Je ne puis vous cacher que je suis tout étonné de voir *le créateur de la Métaphysique* raisonner d'une manière aussi étrange. Quoi ! ce génie extraordinaire *qui éxécuta avec succès ce que Newton n'avoit osé entreprendre, & qu'il n'auroit peut-être pu éxécuter*, ne s'apperçoit pas qu'il commence le grand œuvre de sa *création* par un sophisme ridicule ? En vérité dans ce temps-ci on est *grand homme* à bon marché.

Il suffiroit de vous arrêter-là. Tout le reste de votre premier Livre est renversé par la seule négation de ce principe : mais je suis bien-aise que le Lecteur voye tous vos raisonnemens, pour ensuite se décider sur les éloges que vous prodiguent mes Adversaires.

Je vous soûtiens donc qu'il est faux qu'il soit *clair que les enfans & les idiots n'ont pas la moindre idée de ces principes, ce qui est, est ; il est impossible*, &c. Encore une fois comment démontrerez-vous votre opinion ? Vous ne vous en mettez nullement en peine : & comme si l'on convenoit avec vous de ce que vous avancez sans preuve, *qui vous éloigne*, comme vous l'avez vous-même avoué, *de la route ordinaire, & de ce qui est communément reçu*, vous établissez là-dessus la destruction des principes innés. Mais croyez-vous me donner le change ? Ce que vous ajoûtez, ne signifie rien. Ce n'est pas ce qu'il falloit dire. Il n'y a point de Lecteur intelligent, qui ne s'attende que vous allez prouver & nous faire convenir que les enfans n'ont aucune idée de ces notions ; nous montrer comment une nourrice, une mere, un Précepteur sont parvenus à faire connoître à un enfant qu'il souffre, quand il souffre ; qu'il y a du feu dans la cheminée, quand il y en a ; qu'il ne se promene pas quand il écrit, &c. &c. &c. Il faut au moins que ces connoissances soient bien faciles à acquérir ; car je n'ai jamais vu de Livre qui en renfermât les élémens. On ne s'est pas encore avisé d'écrire sur ce sujet pour en mieux instruire les hommes. Mais puisque vous n'avez pas jugé à propos de vous mettre en frais de prouver votre assertion, vous me permettrez ici de vous nier tout simplement la conclusion que vous en tirez, & d'établir avec plus de solidité ce principe. *Il est clair* que tous les hommes ont toujours, & dans tous les temps de leur éxistence, la connoissance des principes innés. J'ai pour moi, vous en êtes convenu, le suffrage *constant & commun* des hommes. Vous n'avez que votre bon plaisir à nous opposer. Que le Lecteur choisisse.

Avant que d'éxaminer comment vous raisonnez d'après ce sophisme, discutons en deux mots votre autre prétention dans l'Article suivant.

Article II.

Examen de la seconde prétention de Locke.

Locke commence avec un ton de confiance dans la vérité de son opinion, si assuré & si décisif, que ses Lecteurs doivent être bien surpris quand il leur déclare qu'en cela *il s'éloigne de la route ordinaire & du consentement général.*

On fonde, dit-il, *l'opinion que je combats, sur un fait. Ce fait est faux ; & quand il seroit vrai, il ne seroit pas une preuve de cette opinion.* Quel plus grand avantage peut-on avoir contre un Adversaire, que de pouvoir lui soûtenir que les preuves qu'il rapporte, ne servent point du tout à l'établissement de sa thèse, quand même on lui accorderoit la vérité de ses prétendues preuves.

Locke va même encore plus loin : il soûtient encore que ce qu'on apporte pour preuve, se tourne contre ce que l'on veut prouver, & *lui semble une preuve démonstrative du contraire.* (1)

Voilà donc, selon Locke, tous les avantages réunis en sa faveur. Il est fâcheux pour lui, que nous lui en ayons retranché quelques-uns dans l'Article précédent. Voyons si dans celui-ci nous ne lui enléverons pas le reste.

Vous dites donc, (j'aime parler à mon Adversaire,) „ (2) que quand le „ fait seroit certain, je veux dire qu'il „ y auroit effectivement des vérités sur „ lesquelles tout le genre humain seroit „ d'accord, ce consentement universel „ ne prouveroit point que ces vérités „ fussent *innées*, si l'on pouvoit montrer „ une autre voie par laquelle les hom- „ mes ont pu arriver à cette uniformité „ de sentiment sur les choses dont ils „ conviennent; ce qu'on peut fort bien „ faire, SI JE NE ME TROMPE. "

Voilà qui est très-bon, si vous êtes infaillible : mais enfin si vous vous trompez, où en serons-nous ? Vous sentez

(1) Tome 1. page 20.
(2) Ibidem.

très-bien qu'il n'implique pas contradiction, que vous vous trompiez. Il faut donc que nous restions prudemment dans le doute. Quoi ! sur un doute vous prétendez détruire les principes innés ? Voyez votre manière de raisonner : la voici. Tout le monde croit que certaines vérités sont innées dans l'esprit des hommes, parce qu'elles entraînent le consentement universel. Je pense le contraire. Si tout le monde avoit raison, je me tromperois : donc il n'y a point de vérité innée. Je ne connois point d'homme dans le monde, quelqu'ignorant qu'on veuille le supposer, qui ne puisse être *créateur* à ce prix, & qui ne vînt à bout de *démontrer* de cette manière toutes ses phantaisies.

Pour moi qui n'ai pas beaucoup de confiance en votre infaillibilité, je vous réponds tout simplement : Vous vous trompez. Et la question est décidée.

Je sais fort bien que vous prétendez qu'il faut avoir lû fort attentivement tout votre Ouvrage, pour conclure si vous avez ou non *démontré qu'il y a une autre voie par laquelle les hommes ont pu arriver à cette uniformité de sentiment sur les choses dont ils conviennent.* Je prévois aussi que tous vos Disciples me répondront que ce n'est qu'après le renversement de tout votre *Essai*, &c. que je serai en droit de vous dire, *Vous vous trompez* : mais j'ai là-dessus plusieurs réponses à vous faire à tous. Je vous prie de juger si elles sont solides.

1°. N'ai-je pas autant de droit de renvoyer à tout mon Ouvrage, & à la lecture réfléchie de tout ce qu'il contient, pour vous soûtenir à vous seul que vous vous trompez, que vous prétendez en avoir de soûtenir à tout le monde qu'il se trompe en admettant les principes que vous combattez ? Or je vous assure que , *si je ne me trompe*, il sera *démontré* que vous n'êtes pas infaillible.

2°. Mais nous sommes dans des positions bien différentes. Il est bon de faire connoître à mon Lecteur celle où vous êtes ; afin qu'il connoisse toute l'extravagance de votre principal argument. Donnez-moi un moment pour l'en instruire.

Locke se propose de *suivre un chemin qu'il s'est tracé lui-même, & qui l'écarte de la route ordinaire.* Il veut proposer un système opposé à celui que *l'on a* jusqu'à lui *communément reçu.* Mais comme il n'est *qu'un simple particulier,* il craint *de ne pouvoir éviter d'être censuré* en rejettant le consentement général. C'est ce qui le détermine à consacrer son premier Livre à *démontrer* que la route ordinaire est une route qui conduit à l'erreur : en un mot, il veut dans ce Livre renverser les idées des autres hommes, & détruire entièrement les opinions qu'ils ont généralement adoptées.

Mais sur quoi fonde-t-il son triomphe contre ses Adversaires ? Premièrement sur une pétition de principe : nous l'avons fait connoître dans l'Article précédent. Secondement il nous renvoie à son syftême. Voilà l'ordre qu'il suit. Faisons-lui voir ce qu'on doit en juger.

Comment, dites-moi, avez-vous oublié votre dessein dès les premières pages de votre Ouvrage ? Vous convenez d'abord que vous serez censuré en proposant un syftême tout opposé à la croyance générale : vous voulez en démontrer la fausseté, avant que de proposer votre nouvelle *route* ; & tout de suite supposant cette *route* assurée, & votre syftême démontré,

démontré, vous dites : *Il y a une autre voie d'expliquer comment les principes dont il est question, sont reçus d'un consentement universel.* Mais n'est-ce pas là justement ce dont il est question ? C'est ce qu'il faut prouver avant d'aller plus loin ; sans quoi vous ne *pourrez éviter d'être censuré*, comme vous en convenez vous-même.

Que deviennent, je vous le demande, tous ces avantages dont vous venez de vous glorifier ? Quoi ! vous promettiez de tourner contre vos Adversaires leurs propres preuves ; & tout cela aboutit à un *si je ne me trompe ?* Vous présentez ensuite le système que vous exposez par la suite. Mais je viens de vous faire connoître que vous n'étiez pas en droit d'en agir ainsi. Au contraire le reste de votre *Essai* ne mérite que nous nous y arrêtions, qu'au cas que vous nous en prouviez la nécessité dans votre premier Livre. Faute par vous de l'avoir exécuté, je veux dire d'une manière raisonnable & solide, nous sommes dans la disposition de vous signifier que cela nous suffit pour juger de vos efforts. Nous sommes même en droit de rejetter tout votre système, & de vous dire pour toute réponse au long *fatras* de votre gros *Essai*, que vous méritez la censure que vous reconnoissez vous-même pouvoir être faite de la hardiesse de ceux qui osent démentir tout l'univers.

Voilà au juste votre position. Voyons présentement la mienne : & jugez de la différence.

Après vous avoir prouvé que votre principal argument n'est qu'un sophisme : après avoir fait connoître à mes Lecteurs que les deux prétentions sur lesquelles vous vous fondez, n'ont, selon vous-même, que votre infaillibilité pour unique appui ; je vous renvoie à la suite de cet *Examen critique*, pour y voir le renversement de votre système. Au lieu de trouver en cela quelque chose à dire, vous deviez être surpris de ma patience. J'aurois pu m'en tenir à la condamnation que vous aviez prononcée contre vous-même ; & *si je n'avois affaire qu'à des Lecteurs dégagés de tout préjugé, je n'aurois, pour les convaincre de la fausseté de votre supposition* (1)*, qu'à* m'en tenir à ce que je viens de prouver contre vous.

(1) Tome 1. page 18.

CHAPITRE V.

Examen des autres preuves de Locke contre les principes de spéculation.

POur avoir tout l'avantage que vous pouvez vous donner vis-à-vis des Lecteurs peu instruits, vous supposez donc que vos Adversaires conviennent que *les enfans & les idiots n'ont pas la moindre idée des principes* que vous apportez en exemple. Je vous nie le fait. Voyons si à cet égard vous *démontrerez* quelque chose. Que dites-vous pour vos raisons ? Les voici toutes.

   1°. » (1) Ces notions ne sont pas gra-
» vées naturellement dans l'âme, puis-
» qu'elles ne sont pas connues des en-
» fans & des idiots.

   2°. » (2) Il est faux que les hommes
» connoissent ces vérités, dès qu'ils ont
» l'usage de leur raison.

   3°. » (3) Supposé que la raison dé-

---

(1) Tome 1. page 21.
(2) Tome 1. page 25.
(3) Tome 1. page 26.

» couvre ces premiers principes, il ne
» s'ensuit pas de là qu'ils soient in-
» nés.

4°. » (1) Il est faux que la raison
» découvre ces principes.

5°. » (2) Quand on commence à faire
» usage de la raison, on ne commen-
» ce pas à connoître ces maximes géné-
» rales qu'on veut faire passer pour in-
» nées.

6°. » (3) On ne sauroit les distin-
» guer par là de plusieurs autres véri-
» tés qu'on peut connoître dans le mê-
» me temps.

7°. » (4) Quand on commenceroit à
» les connoître, dès qu'on vient à faire
» usage de la raison, cela ne prouve-
» roit point qu'elles soient innées.

8°. » (5) Par quels dégrés l'esprit
» vient à connoître plusieurs vérités.

9°. » (6) De ce qu'on reçoit ces
» maximes, dès qu'elles sont proposées
» & conçues, il ne s'ensuit pas qu'elles
» soient innées.

(1) Tome 1. page 27.
(2) Page 31.
(3) Page 33.
(4) Page 34.
(5) Page 37.
(6) Page 41.

10°. » (1) Ce consentement prouve-
» roit que ces propositions, *Un & deux*
» *sont égaux à trois*, *Le doux n'est point*
» *l'amer*, & mille autres semblables,
» seroient innées.

11°. » (2) De telles propositions gé-
» nérales sont plutôt connues que les
» maximes universelles qu'on veut faire
» passer pour innées.

12°. » (3) Ce qui prouve que les
» propositions qu'on appelle innées ne
» le sont pas, c'est qu'elles ne sont con-
» nues qu'après qu'on les a proposées.

13°. » (4) Si l'on dit qu'elles sont
» connues implicitement avant que d'être
» proposées, ou cela signifie que l'esprit
» est capable de les comprendre, ou il
» ne signifie rien.

14°. » (5) La conséquence qu'on
» veut tirer de ce qu'on reçoit ces pro-
» positions, dès qu'on les entend dire,
» est fondée sur cette fausse supposition,
» qu'en apprenant ces propositions on
» n'apprend rien de nouveau.

(1) Tome 1. page 42.
(2) Page 46.
(3) Page 48.
(4) Page 51.
(5) Page 52.

15°. " (1) Les propositions qu'on veut faire passer pour innées, ne le sont point ; parce qu'elles ne sont pas universellement reçues.

16°. " (2) Elles ne sont pas connues avant toute autre chose, par conséquent elles ne sont point innées.

17°. " (3) Elles ne sont point innées, parce qu'elles paroissent moins, où elles devroient se montrer avec plus d'éclat.

Voilà donc tous les motifs sur lesquels vous rejettez les principes innés. Supposé que je vous démontre qu'aucune des raisons que vous venez de rapporter n'est prouvée, qu'elles ne sont même, pour la plûpart, rien contre les principes innés ; j'aurai, je crois, fait tout ce que l'on peut désirer à cet égard. Examinons-les donc chacune en particulier dans les divers Articles de ce Chapitre.

(1) Tome 2. page 57.
(2) Page 58. & 61.
(3) Page 62.

Article I.

Examen de la première raison.

Votre première raison est que " ces
" notions ne sont pas gravées naturel-
" lement dans l'ame (1), puisqu'elles
" ne sont pas connues des enfans & des
" idiots ; & qu'il suffit que les enfans
" n'ayent pas la moindre idée de ces
" principes, pour détruire le consente-
" ment universel que toutes les idées
" innées doivent produire nécessaire-
" ment. "

Cette raison vous semble très-forte. Vous nous la donnez comme décisive. Examinons-la sérieusement ; & qu'il me soit permis de m'y arrêter de manière à la détruire entièrement.

1°. La première chose que vous deviez faire, comme nous l'avons déja observé, étoit de prouver qu'en effet les enfans & les idiots n'avoient pas la moindre idée de ces principes. Je vous le répete, c'est supposer ce qui est en question. Je suis obligé d'en revenir tou-

_____
(1) Tome 1 page 21.

jours là; parce que toutes vos raisons ne sont appuyées que là-dessus.

2°. A quoi peut servir tout ce que vous nous dites ici d'après cette assertion hazardée ? Vous vous étendez très-au-long, (car vous ne pouvez rien dire qu'avec un déluge de paroles,) pour soûtenir qu'il est impossible qu'une notion soit gravée dans l'esprit, sans que celui dans l'esprit duquel elle est gravée ne l'apperçoive. Eh ! qui vous le conteste ? Je vous fais graces de toutes les réfléxions peu avantageuses pour vous, que l'on pourroit faire sur tout ce que vous débitez. Tenons-nous-en au fond. Croyez-vous que ceux qui vous nient que les enfans & les idiots n'ont pas la moindre idée des principes dont vous parlez, soûtiennent en même temps qu'ils ne les apperçoivent pas, ni ne peuvent les appercevoir, quoiqu'elles soient gravées dans leur esprit ? Si vous ne pouvez l'affirmer, sans une imposture aussi grossière qu'elle seroit visible ; pourquoi vous égayez-vous néanmoins aux dépens de ceux que vous contredites, comme s'ils convenoient avec vous du principe que vous établissez contre leur sentiment ? Il n'en faut pas davantage pour renverser dans l'esprit de tout Lecteur judicieux ce que vous dites en faveur de votre première raison.

3°. Mais pour achever de vous confondre, ôtons l'équivoque sous laquelle vous vous enveloppez : & répondez-moi tout simplement aux questions que je vais vous faire.

Est-ce la même chose que de n'avoir aucune idée d'un principe, ou bien de n'en pas parler ?

Est-ce la même chose de ne pas appercevoir une vérité, ou bien de ne pas faire connoître qu'on l'apperçoit ?

Est-ce la même chose de n'avoir aucune idée, pas même la moindre, sur une science, ou bien de n'y faire actuellement aucune attention ?

Peut-on dire d'un Mathématicien, par exemple, qu'il n'a pas la moindre idée, qu'il n'a aucune notion de Géométrie, qu'il en ignore absolument les principes, dans les instans où il n'y songe pas ? Peut-on dire que dans ces momens il ne reçoit pas ce principe, *Le tout est plus grand que sa partie ?* & pourroit-on en conclure qu'il n'est pas généralement reçu, parce que les Mathématiciens ont des momens où ils n'en

D v

font pas mention ? Voilà ce qu'il auroit fallu d'abord nous faire entendre : ensuite nous aurions discuté toutes les raisons que vous apportez pour nous instruire de ce dont nous ne doutons pas, ou plutôt il falloit employer votre génie *créateur* à autre chose qu'à combattre une chimère, & à n'écrire que des sophismes extravagans.

C'est cependant sur une équivoque de ce genre que vous établissez tout ce que vous nous débitez contre les principes innés. Elle vient, cette équivoque, à l'appui de votre argument principal, dont j'ai fait sentir le ridicule : & c'est sur de tels fondemens que vous comptez triompher du consentement général ? En vérité je ne puis trop le répéter : Qu'y a-t-il donc dans Locke, qui puisse le faire considérer autrement que comme un Sophiste impertinent, selon le sens primitif du terme ? Mais avançons. Quelle conséquence tirez-vous à la fin de votre premier motif ? La voici dans vos propres termes.

„ (1) Si donc ces deux propositions,
„ *Ce qui est, est* ; &, *Il est impossible*
„ *qu'une chose soit & ne soit pas en*
„ *même temps*, étoient gravées dans

(1) Tome 2, page 25.

» l'ame des hommes par la nature, les
» enfans ne pourroient pas les ignorer :
» les petits enfans, dis-je, & tous ceux
» qui ont une ame, devroient les avoir
» nécessairement dans l'esprit, en recon-
» noître la vérité, & y donner leur
» consentement. «

Qu'entendez-vous, quand vous dites que *tous ceux qui ont une ame, devroient avoir nécessairement ces principes dans l'esprit, en reconnoître la vérité, & y donner leur consentement?*

1°. Si vous n'entendez par là que ce que prétendent vos Adversaires, comment tirez-vous en conclusion contr'eux leur propre système ? Comptez-vous qu'il est assez évidemment faux, pour qu'ils ne puissent l'avouer ? Je vous assure que dans ce cas vous êtes bien éloigné de leur façon de penser. Et pour vous le faire sentir le plus clairement possible, voici positivement comme ils raisonnent.

Il y a des premiers principes de raison & de sens commun, qui se trouvent dans l'esprit de tous les hommes, & qui y sont tellement gravés, que ni la force de l'éducation, ni la foule des préjugés, ni le tumulte des passions, ni le trouble qu'occasionnent les impressions que font sur nos sens les objets extérieurs, ne peuvent les effacer de notre esprit. Nous en voyons la vérité avec une telle évidence, que nous ne sommes pas libres de les rejetter. Un penchant nécessaire entraîne notre consentement. La moindre attention à ces principes suffit pour en connoître l'évidence. Il n'est pas nécessaire qu'on nous en instruise : si-tôt que nous sommes interrogés à ce sujet, nous nous sentons en état de répondre ; & le doute ni l'ignorance ne nous arrêtent jamais, quand ils se présentent à notre attention. Donc ces principes sont en nous indépendamment de toute instruction, de toute acquisition. Les sens ne sont pas l'origine de la connoissance que nous en avons ; puisqu'ils n'ont aucun rapport avec les objets que les sens nous aident à connoître. Donc cette connoissance est innée en nous.

Là-dessus vous venez leur apprendre que s'il y avoit des principes innés, ces principes auroient les qualités qu'ils leur donnent ; & vous concluez : Il n'y a donc pas des principes innés.

Que diriez-vous d'un Avocat qui défendroit sa cause de cette manière ? Si ma Partie adverse avoit raison, toutes les preuves qu'il apporte seroient sans réplique ; car ces preuves supposées, sa prétention en est une conséquence nécessaire : mais je dis qu'il a tort.

L'autre Avocat réplique : Si mes preuves sont bonnes, & que ce que je demande en soit une conséquence nécessaire, on doit me l'accorder ; & sur cela je m'en rapporte au sens commun de la Cour.

Croyez-vous en effet que les Juges se missent beaucoup en peine de l'extravagance du premier Avocat ? Cet Avocat c'est vous-même, je viens de vous le faire connoître.

2°. Mais si par ces mots, *Ceux qui ont une ame, devroient avoir ces principes nécessairement dans l'esprit, en reconnoître la vérité, & y donner leur consentement*, vous entendez que les enfans & tous les hommes ne peuvent avoir la connoissance de ces principes sans y faire une attention perpétuelle, je vous assure que rien n'est plus déraisonnable que cette prétention. Vous avez beau tourner en ridicule le sentiment que vous entreprenez de combattre, en disant que *c'est une chose aussi difficile à* entendre, que de concevoir qu'un homme connoisse & ignore une certaine vérité dans le même temps (1). Tout le ridicule retombe sur vous-même.

Je sais très-bien que vous pensez qu'un homme ne connoît pas une chose actuellement, parce qu'actuellement il n'y pense pas ; mais je sais aussi que vous êtes le seul de votre avis. Jamais vous ne ferez croire, par exemple, à M. Dalembert, que dans le moment qu'il écrivoit l'article *Genève* du Dictionnaire Encyclopédique, il ne connoissoit pas les principes sur lesquels il a composé les divers articles de Géométrie contenus dans le même Dictionnaire. Convenez donc qu'il est vrai qu'on peut dire qu'un homme qui dans certains momens ne pense pas à une chose, ne la connoît pas dans ce même moment par un acte présent & réfléchi ; mais que cependant il peut la connoître, & la connoît en effet, sur-tout si précédemment il en avoit eu la connoissance présente & actuelle dans d'autres momens.

Mais direz-vous, à la bonne-heure si je convenois que les enfans & les idiots ont eu dans quelques momens la con-

(1). Tome 1. page 57.

noissance présente & réfléchie de ces principes. C'est justement ce que je nie. Et tout mon premier Chapitre ne contient que les raisons qui me portent à le nier. Voilà qui est clair. Vous niez que les enfans & les idiots ayent aucune connoissance, de quelque genre qu'elle soit, des principes innés; & c'est par ce moyen que vous prétendez *démontrer la fausseté du consentement universel* qu'on leur accorde. Et tant s'en faut, ajoûtez-vous, que les enfans & les idiots en ayent connoissance, *ils n'en ont pas seulement la moindre idée*.

Me ramenerez-vous toujours au même point ? Faudra-t-il vous répeter mille fois ? Prouvez donc d'abord. Vous combattez le sentiment généralement reçu, & votre preuve consiste à mettre en thèse la contradictoire de ce sentiment ? & tout votre premier Chapitre, disons mieux, tout votre premier Livre ne renferme rien, qui puisse faire connoître pourquoi vous rejettez ce sentiment général. Mais éclaircissons toute cette question.

Un principe peut être considéré sous deux points de vûes bien différens.

1°. On peut le regarder en lui-même;

comme un acte de notre esprit ; & dès lors on l'appelle *jugement*.

2°. Ou bien comme l'expression, l'énonciation de ce jugement intérieur ; alors on le nomme *proposition*.

C'est donc deux choses différentes qu'un jugement, & une proposition.

Le jugement est purement intérieur. C'est un acte de l'esprit même, l'éxercice de la pensée, & par conséquent un effet naturel & nécessaire de tout être pensant. Quand je dis que le jugement est un effet *nécessaire* de tout être pensant, je n'entends pas dire que nous soyons nécessités dans les divers jugemens particuliers que nous portons ; mais je veux dire qu'encore que chacun de nos jugemens soient libres, cependant nous ne pouvons être ce que nous sommes, sans *juger* : le doute même est fondé sur un jugement.

Mais il n'en est pas ainsi des propositions. Nous pourrions fort bien éxister en qualité d'être pensans, de substances intelligentes, sans connoître, sans former aucune proposition. C'est une affaire de langue, qui en suppose la connoissance, & de plus l'usage de la parole.

Non-seulement il faut savoir & pouvoir parler pour former une proposition ; mais il faut aussi, pour connoître qu'une proposition est générale, qu'elle est un axiome, qu'on peut en déduire plusieurs autres particulières, des notions des sciences, des arts, & de quelque méthode. Sans quoi, celui qui formera intérieurement quelque jugement que ce soit, ne saura si ce jugement s'énonce par une proposition générale, ou par une proposition particulière. Si c'est un axiome, s'il peut en déduire d'autres propositions, &c. &c. enfin tout ce qui est l'objet de ce qu'on appelle méthode.

Il vous plaît de confondre tout cela, de prendre l'un pour l'autre, savoir *proposition* pour *jugement*. Mais à qui en imposerez-vous par cette adresse ?

Je conviens avec vous, que personne au monde n'a su cette proposition, *Tout ce qui est, est*, avant qu'on la lui ait enseignée. Je n'ai jamais ouï dire qu'un homme ait inventé lui-même, & lui seul, aucune langue. C'est la raison qui fait que les enfans ne savent point effectivement, & ne répetent par conséquent pas cette proposition : qu'afin qu'ils la disent, ils ont besoin de l'avoir apprise.

Pour faire l'application de nos principes à l'éxemple auquel nous nous sommes réduits, nous devons y considérer deux choses ; le jugement intérieur, & la proposition qui l'exprime. Le jugement consiste à affirmer intérieurement l'éxistence d'une chose que l'on considére comme éxistante. La connoissance requise pour cela n'est donc que celle dont je vous ai déja parlé ; savoir, qu'un enfant puisse juger qu'il souffre, quand il souffre effectivement ; qu'il éxiste, quand il éxiste ; qu'il se promene, quand il se promene ; & ainsi de tous les autres jugemens de cette espèce.

Il est donc très-assuré que tous les enfans, les idiots, enfin tous ceux qui ont une ame, font ces jugemens intérieurs, quoiqu'ils n'ayent aucune connoissance de la manière philosophique dont on exprime la formule générale de ces jugemens.

Dites-moi, je vous prie : le Maître qui dit à un enfant qu'il instruit, *Tout ce qui est, est*, a-t-il dessein d'apprendre à cet enfant quelque chose dont celui-ci n'ait pas la moindre idée ? C'est ce que vous devriez nous prouver. Je voudrois bien savoir comment il faudroit s'y prendre pour inſtruire là-deſſus celui qui l'ignoreroit ? Il feroit, je penſe, fort curieux d'entendre un Philoſophe enſeigner au monde & venir lui apprendre, comme une *vérité nouvelle*, que *tout ce qui eſt, eſt*. Voyons votre ſeconde raiſon.

Article II.

Seconde raiſon de Locke.

La ſeconde raiſon par laquelle vous prétendez détruire les principes innés, conſiſte à dire qu'on a tort de ſoûtenir qu'il y a de tels principes ; parce que *les hommes connoiſſent les vérités, dès qu'ils ont l'uſage de leur raiſon*. C'eſt à cela que vous vous propoſez de répondre à l'endroit que nous allons diſcuter. Je ſuis bien-aiſe de rapporter ici ce que vous dites à ce ſujet : rien n'eſt peut-être plus propre à vous faire connoître toute l'illuſion de votre premier Livre. Voyons donc comment vous faites parler vos Adverſaires, & comment vous leur répondez.

„ (1) Pour éviter cette difficulté, "

___
(1) Tome 1. page 25.

(c'est celle que nous avons renversée dans l'autre Article,) " les défenseurs
" des *idées innées* ont accoûtumé de ré-
" pondre *que les hommes connoissent*
" *ces vérités, & y donnent leur consen-*
" *tement, dès qu'ils viennent à avoir*
" *l'usage de leur raison* : ce qui suffit,
" selon eux, pour faire voir que ces
" vérités sont innées.

" Je réponds à cela, que des expres-
" sions ambigues qui ne signifient pres-
" que rien, passent pour des raisons
" évidentes dans l'esprit de ceux qui
" pleins de quelque préjugé ne prennent
" pas la peine d'éxaminer avec assez
" d'application ce qu'ils disent pour dé-
" fendre leur propre sentiment. C'est
" ce qui paroît évidemment dans cette
" occasion. Car pour donner à la réponse
" que je viens de proposer, un sens
" tant soit peu raisonnable par rapport à
" la question que nous avons en main, on
" ne peut lui faire signifier que l'une ou
" l'autre de ces deux choses ; savoir,
" qu'aussi-tôt que les hommes viennent
" à faire usage de la raison, ils apper-
" çoivent ces principes qu'on suppose
" être imprimés naturellement dans l'es-
" prit, ou bien que l'usage de la raison

« les leur fait découvrir & connoître
« avec certitude. Or ceux à qui j'ai à
« faire, ne sauroient montrer par aucu-
« ne de ces deux choses, qu'il y ait des
« principes innés. »

Je voudrois bien savoir quelle est la *difficulté* que vous avez faite aux *défenseurs des idées innées*, & à laquelle *ils ont accoûtumé de répondre*, comme vous venez de le dire.

Quelqu'attention que j'aye faite à ce qui précéde, je n'y vois pas l'ombre de difficulté contre les idées innées, non plus que contre les principes que vous attaquez dans ce Chapitre. C'est donc chez vous un parti pris. Vous ne voulez pas absolument entrer dans le fond de la question. Votre dessein est de faire entendre que vous avez terrassé vos ennemis; & pour en venir là, vous mettez en vuë quelques phantômes sans défense, afin de les battre à votre aise, & que vous puissiez sembler avoir tout avantage : mais voilà qui seroit bon, si personne ne savoit la question que vous discutez ici. Il auroit fallu anéantir dans tous les esprits les principes que vous voulez détruire : cela est-il plus difficile que d'en *créer* de nouveaux ?

En un mot, il est faux que vous ayez formé *aucune difficulté* contre le sentiment *des défenseurs des idées innées.* Il est faux qu'ils conviennent avec vous, que *les enfans n'ont pas la moindre idée des principes innés de spéculation.* Ne vous ai-je pas fait voir, que tant s'en faut qu'ils en conviennent, qu'au contraire leur sentiment consiste à dire que tous ceux qui ont une ame, ont aussi la connoissance de ces principes ? Est-ce de votre part ou ignorance, ou mauvaise foi ? Si c'est ignorance, pourquoi avez-vous la témérité ridicule de vouloir parler de matières dont vous n'avez pas de connoissance ? Si c'est mauvaise foi, quelle qualité voulez-vous que je vous donne ? Mais suivons votre marche : que faites-vous *répondre aux défenseurs des idées innées ? Que les hommes connoissent ces vérités, & y donnent leur consentement, dès qu'ils viennent à avoir l'usage de leur raison.*

Mais si vous n'en voulez absolument qu'à ceux qui regardent comme innés les principes dont vous parlez, qu'est-il nécessaire d'aller plus loin ? Vos Adversaires vous accordent, selon vous, tout ce que vous demandez. S'ils conviennent que les enfans n'ont aucune idée de ces principes : s'ils veulent avec vous, qu'il faille attendre l'usage de la raison pour parvenir à cette connoissance, assurément ils ne la regardent pas comme innée. Ils conviennent donc qu'on l'acquiert cette connoissance. Or s'ils en conviennent, & que vous ne désiriez que cela, à quoi aboutit le reste de votre Livre ? Je ne le sais que trop à quoi il est destiné : mais comme il y a beaucoup de vos Lecteurs qui peut-être n'y ont pas pris garde, il est bon de les mettre au fait de vos intentions.

La première justice que l'on doit à l'Auteur que l'on réfute, est de rapporter son opinion avec une scrupuleuse éxactitude. C'est là la promesse que je fais à Locke, & je défie tous ses Disciples de pouvoir me reprocher de lui en avoir imposé en quelque manière que ce soit. Mais mon Auteur n'a pas cru devoir être si attentif ni si retenu vis-à-vis de ceux qu'il entreprend de combattre. Quoique nous ayons fait sentir à chaque endroit la manière peu fidelle dont il expose leurs sentimens, qu'il nous soit permis de faire ici le précis de tout ce qu'il lui plaît de leur mettre dans la bouche pour leur défense. Voici comme Locke les fait raisonner

Il y a des principes innés. Cela se prouve en montrant qu'il y a certains principes généraux qui ont pour eux le consentement universel. Là-dessus Locke les arrête, & leur dit : *Les enfans & les idiots n'ont pas la moindre idée de ces principes*, donc ils ne sont pas *reçus* d'un consentement général. Cette difficulté, dit Locke, retient mes Adversaires ; & pour y répondre, ils disent *que les hommes connoissent ces vérités, & y donnent leur consentement, dès qu'ils viennent à avoir l'usage de la raison*; ce qui suffit, selon eux, (continue Locke) pour faire voir que ces vérités sont innées.

C'est-à-dire que, selon Locke, tous ses Adversaires n'ont pas le sens commun. Car quel est le Lecteur qui ne voye tout-d'un-coup, que non-seulement cela ne *suffit* pas, mais qu'au contraire, en convenant avec Locke de ce qu'il prétend qu'on lui accorde, il s'ensuit nécessairement qu'il n'y a point de principes innés.

Mais si Locke avoit le droit d'imputer cet aveu *aux défenseurs* des idées innées,

innées, pourquoi n'en tiroit-ils pas tout-d'un-coup l'avantage évident que cela lui procuroit ? Que ne leur difoit-il : Dès que vous m'accordez qu'il faut que les enfans attendent l'ufage de leur raifon pour connoître ces principes, il eft clair qu'ils ne les connoiffent pas auparavant : donc j'ai eu droit de dire qu'en les prenant avant ce temps, ils n'en ont pas la moindre idée : donc ces principes ne font pas innés. Tout ce que vous pouvez ajoûter de plus pour foûtenir l'oppofé, feroit extravagant après cet aveu. Voilà, je crois, tout ce que Locke auroit dû faire, & c'eft ce qu'il n'a pas fait. Au contraire il difcute les nouvelles raifons qu'il met dans la bouche de fes Adverfaires ; & oubliant fa principale queftion, il s'égare avec eux dans des raifonnemens tout-à-fait étrangers aux objets qu'il s'agiffoit de difcuter.

Quoique je convienne fans peine, que Locke n'eft pas un raifonneur trop éxact, ni trop conféquent, j'ai cependant bien de la peine à croire qu'il n'ait point vû le défordre de fes difcours dans cette rencontre; je penfe même qu'on peut le foupçonner légitimement de l'avoir fait à deffein : mais quel auroit pu être son but ? Car enfin dès qu'il ne rapporte pas les raisons sur lesquelles se fondent réellement les défenseurs des idées innées, & que son intention néanmoins étoit de les combattre, comment auroit-il pu se promettre d'écrire utilement ? Le voici.

1°. Locke ayant dessein d'établir le nouveau système dont il traite dans les autres Livres de son *Essai Philosophique*, sentoit fort bien que ce système seroit universellement rejetté, s'il ne disoit rien contre le sentiment généralement reçu : mais sachant que peu de personnes, parmi le commun des Lecteurs, étoient en état d'entrer dans la discussion des matières philosophiques dans lesquelles on établit les idées innées, il s'est reposé sur cette ignorance de ses Lecteurs, & a compté qu'à sa faveur il pourroit tourner en ridicule le sentiment qu'il s'efforçoit de combattre. Pour cela, il l'a déguisé de la manière que nous l'avons fait voir.

2°. Mais une autre raison de Locke, c'est d'aller plus loin qu'il ne semble se le promettre. Il veut absolument que les sens produisent toutes nos connoissances. Il n'a donc garde de convenir de principes qui renverferoient fon fyftême.

Si indépendamment des fenfations, il y a en nous des notions qui y font, fans y être entrées par les organes extérieurs, il eft évident qu'il fe trouve dans l'homme un principe de penfée réellement diftingué de fon corps.

Si ces notions font des principes généraux dont on puiffe déduire toutes nos connoiffances, il s'enfuit néceffairement que nos connoiffances n'ont point les fens pour origine, ni pour caufe, quoiqu'on fît voir que les fens nous fervent quelquefois d'occafion pour acquerir des connoiffances particulières, ou les déduire des connoiffances générales.

Locke comprenoit fort bien tout cela; & c'eft ce qui l'a porté à foûtenir, 1°. Qu'il n'y avoit point de notions innées. 2°. *Qu'il n'y avoit dans l'entendement humain aucune connoiffance à laquelle les hommes ne fuffent parvenus en partant uniquement de leurs fenfations.* (1) Il falloit donc pour cela, non-feulement prétendre que ces notions générales ne font pas dans les enfans

___
(1) Voyez l'article *Exiftence*, Encyclop.

avant toute acquisition, mais encore que c'est par l'usage des sens qu'ils viennent à les connoître; & c'est tout ce que Locke a présentement en vuë dans tout le reste de son premier Livre. Je sais qu'il n'a osé le faire entendre clairement. C'est pourquoi il ne semble en vouloir qu'à ceux qui disent que ces notions sont innées dans l'esprit de tous les hommes.

Mais, dira-t-on, qu'est-ce que Locke se propose en voulant absolument que les sens soient les causes & l'origine des pensées des hommes?

Il veut par là nous préparer à croire que tout dans l'homme se termine à son corps, & que la croyance d'une substance spirituelle est pleinement inutile, pour le concevoir formant toutes les opérations de l'esprit. N'est-ce pas ce que M. Helvétius nous enseigne d'après les principes du prétendu Philosophe Anglois? N'est-ce pas aussi la doctrine des articles *Evidence* & *Existence* de l'Encyclopédie? Nous l'avons fait connoître dans les volumes précédens.

Après avoir exposé le but de Locke, revenons à la manière dont il s'y prend pour y parvenir.

Il fait donc répondre aux défenseurs des idées innées, „ que les hommes con-
„ noissent *ces vérités*, & y donnent leur
„ consentement, dès qu'ils viennent à
„ avoir l'usage de leur raison. "

Considérons attentivement ce qu'il va répondre lui-même.

„ Je réponds, dites-vous, à cela, que
„ des expressions ambigues qui ne signi-
„ fient presque rien, passent pour des
„ raisons évidentes dans l'esprit de ceux
„ qui, pleins de quelque préjugé, ne
„ prennent pas la peine d'examiner avec
„ assez d'application ce qu'ils disent pour
„ défendre leur propre sentiment. "

Savez-vous bien que cette réponse se tourne contre vous-même? De quelque manière qu'on puisse en faire l'application, elle ne peut être mieux employée qu'à vous combattre.

1°. Si les expressions que vous mettez dans la bouche de vos Adversaires pour leur défense, sont ambigues; à qui doit-on s'en prendre, si ce n'est à celui-là même qui les a créés?

2°. Si tout ce que vous dites pour appuyer vos paradoxes, ne sont que des expressions ambigues, comme je le ferai voir dans toute la suite de cet *Examen*;

ne suffiroit-il pas de vous dire en deux mots d'*examiner avec* plus d'*application ce que* vous dites *pour défendre votre propre sentiment* ?

3°. Mais si ces expressions que vous appellez ambigues ne l'étoient cependant pas, n'auroit-on pas droit d'en conclure que vous n'avez pas seulement compris ce que vous voulez réfuter ? Présentement ma réplique à votre réponse est toute simple. Ou ces expressions vous paroissent ambigues, ou elles ne vous le semblent pas. Si elles vous le paroissent, c'est en vous un défaut de bonne foi, que d'avoir mis dans la bouche de vos Adversaires des expressions qui n'ont presque point de sens ; puisqu'ils pouvoient en donner d'autres qui eussent eu un sens très-raisonnable, comme je vous l'ai fait voir ci-devant. Mais si vous pensez que ces expressions ne sont pas ambigues, vous avez certainement commis une faute contre la bonne foi, en disant qu'elles sont ambigues. Choisissez.

Mais examinons-les ces expressions. Voyons si en effet elles n'ont presqu'aucun sens.

En vérité, comment vous y prendrez-vous pour faire croire que cette expression est ambigue : *Il y a des principes généraux, des notions communes, que les hommes connoissent dès qu'ils ont l'usage de leur raison, & auxquels ils donnent leur consentement.*

J'ai beau les considérer avec toute l'application possible, je n'y vois aucune ambiguité. Dites-moi, je vous prie, comptez-vous le nier ? Promettez-vous d'apporter des raisons qui fassent connoître que cela est faux ou captieux ? Non, dites-vous ; mais je veux seulement faire voir qu'il ne s'ensuit pas de là que ces notions communes soient innées. Je le sais aussi bien que vous. Mais y a-t-il quelqu'un qui le prétende ? Non, sans doute. Voici ce que l'on prétend, & que vous n'oseriez combattre à découvert. Ecoutez-le bien, afin de ne plus faire là-dessus des équivoques perpétuelles.

On prétend que les hommes se rendent témoignage à eux-mêmes, qu'ils ont trouvé en eux ces notions dès le premier moment qu'ils ont réfléchi ; d'où l'on conclut que ces notions sont innées : & voici comment on raisonne pour le démontrer.

En quelqu'inftant de ma vie que j'aye pu réfléchir & dont je puiffe me fouvenir, j'ai trouvé en moi telles & telles notions. Si j'avois acquis ces notions, il y auroit un temps auquel je ne les aurois pas eues. Cependant je vois qu'il n'y a point de temps dans lequel je puiffe dire que je ne les avois pas, ni que je les aye acquifes. Donc ces idées font innées en moi. Mais comme tous les autres hommes font dans le même cas, que tous les hommes les conçoive de même, en jugent de même, raifonnent tous deffus de la même manière ; je dois en conclure non-feulement qu'elles ne font pas le fruit de mes peines, de mon travail, qu'elles ne font pas une acquifition que j'aye faite, mais que ces notions font des vérités tout-à-fait indépendantes de la volonté des hommes, & qui font gravées dans le cœur de chacun, dès le premier moment de fon éxiftence.

Trouvez-vous là-dedans quelque chofe d'ambigu ? Je n'y vois, pour moi, rien que de très-clair & de très-évident. Vous voudriez faire entendre que les défenfeurs des idées innées raifonnent tout autrement. Ils difent, à vous en croire, que si les hommes commencent à connoître ces vérités, dès qu'ils ont l'usage de la raison, il s'ensuit que ces vérités sont innées dans leur esprit. Là-dessus vous voulez triompher d'eux. Le triomphe ne seroit assurément pas fort glorieux. Malgré cela, voyons si vous les attaquez avec avantage.

Article III.

Troisième raison de Locke.

Pour répondre à vos Adversaires sur ce que vous venez de leur faire dire, vous prétendez d'abord que, ,, supposé ,, que la raison découvre ces premiers ,, principes (1), il ne s'ensuit pas de là ,, qu'ils soient innés. ''

Mais pour savoir ce que vous prétendez nous dire par ces mots, *La raison découvre ces premiers principes*, voyons comment vous expliquez vos raisons.

,, (2) S'ils disent '' (les défenseurs des idées innées) ,, que c'est par l'usage ,, de la raison que les hommes peuvent ,, découvrir ces principes, & que cela

(1) Tome 1. page 26.
(2) Ibidem.

E v

» suffit pour prouver qu'ils sont innés,
» leur raisonnement se réduira à ceci :
» *Que toutes les vérités que la raison*
» *peut nous faire connoître & recevoir*
» *comme autant de vérités certaines &*
» *indubitables, sont naturellement gra-*
» *vées dans notre esprit* ; puisque le
» consentement universel qu'on a voulu
» faire regarder comme le sceau auquel
» on peut reconnoître que certaines vé-
» rités sont innées, ne signifie dans le
» fond autre chose si ce n'est qu'en
» faisant usage de la raison, nous som-
» mes capables de parvenir à une con-
» noissance certaine de ces vérités, &
» d'y donner notre consentement. Et à
» ce compte-là il n'y aura aucune diffé-
» rence entre les axiomes des Mathé-
» maticiens & les théorêmes qu'ils en
» déduisent: principe & conclusion tout
» sera *inné*, puisque toutes ces choses
» sont des découvertes qu'on fait par le
» moyen de la raison, & que ce sont
» des vérités qu'une créature raisonna-
» ble peut connoître certainement, si
» elle s'applique comme il faut à les
» rechercher. «

Vous voulez donc ici faire dire à vos
Adversaires, que la connoissance de ce

principe, *Ce qui est, est*, doit être du même ordre, & aussi difficile à acquérir que celle-ci, *Tout polygone régulier est égal au double d'angles droits de la somme de tous ses côtés, moins quatre.* Encore est-ce là un théorème des premiers élémens de Géométrie. Que seroit-ce donc si j'allois chercher quelques-uns des plus éloignés ? Mais celui-là me suffit pour vous dire que, si vous pensez que telles sont les raisons de vos Adversaires, vous ne deviez pas dire qu'elles étoient *des expressions ambigues* ; mais vous pouviez prononcer tout de suite qu'elles étoient clairement extravagantes. Je puis vous assurer que personne ne vous auroit contredit à ce sujet : tout le monde avouera qu'au moins il a connu clairement & distinctement que *ce qui est, est,* avant d'avoir su apprécier la valeur de tous les angles d'un polygone.

Mais en faisant attention à vos paroles, on reconnoît aisément que c'est vous-même qui donnez dans cette extravagance. En effet vous voulez *démontrer* à vos Adversaires que ce principe, *Ce qui est, est,* se connoît de la même manière, & aussi facilement que celui dont je viens de parler ; & non-seulement celui-là, mais tous les théorêmes de Mathématique.

Je sais fort bien que vous n'en avez parlé que pour jetter du ridicule sur le sentiment de vos Adversaires : mais le ridicule retombe sur vous-même, puisque ce qu'ils prétendent est bien éloigné de tout ce que vous voulez leur faire dire.

Pour m'en tenir à l'éxemple dont nous sommes convenus tous les deux, *ce qui est, est;* je vous assure que le sentiment de ceux qui admettent les idées innées, consiste à dire que tous les hommes connoissent tellement leur éxistence, qu'ils n'en peuvent pas douter; qu'étant convaincus intérieurement qu'*ils sont*, ils en concluent qu'en effet *ils sont*. Voilà *leur opinion*. Il est vrai qu'ils ajoûtent qu'on n'a pas eu besoin de leur enseigner cela : qu'il n'a pas fallu qu'ils ayent décomposé, abstrait, formé bien des idées pour en venir là : que ce n'a point été par le secours des yeux, ni des oreilles, &c. qu'ils ont formé ce jugement, qu'ils ont acquis cette connoissance. Mais enfin le fond de leur systême est de vous soûtenir que sachant qu'une chose éxiste, il n'est pas nécessaire de faire bien des rélféxions pour affirmer l'éxistence de cette chose.

C'a été, je crois, l'avis de tous les Philosophes jusqu'ici : & même le plus extravagant d'entr'eux, je veux dire Mr Helvétius, est convenu que la connoissance & l'assurance de notre éxistence étoit une vérité évidente. Si, de même que l'Encyclopédiste de l'article *Exístence*, vous ne convenez pas de ce principe, unissez-vous à lui, travaillez dans son goût, & je vous assure qu'on ne prendra pas la peine de vous réfuter ; puisque personne ne pouvant rien comprendre à vos productions, elles ne pourront être nuisibles : mais aussi n'y mettez pas votre nom ; contentez-vous de recevoir des éloges sous l'indication *d'une personne dont nous sommes contraints de taire le nom*. (1)

Mais, direz-vous, c'est mal prendre le sens de mes paroles. Je ne veux pas dire qu'il soit aussi difficile de connoître & d'être assuré de son éxistence, que de connoître toutes les opérations que nous pouvons faire avec les principes de Géométrie,

(1) Avertissement du sixième volume de l'Encyclopédie.

par éxemple, sur la grandeur considérée dans l'infini ; il est vrai que cela seroit extravagant. Mais je veux faire sentir à mes Adversaires que leurs principes les conduisent en effet à ces extravagances ; & c'est, je crois, un excellent moyen de leur *démontrer* le faux de leur opinion.

Voilà qui est fort bien : mais il falloit avoir le droit de prétendre que *leur opinion* renfermoit en effet ces extravagances. C'est ce que vous n'avez pas fait, ni ne pouvez faire. Il y a plus, c'est que toute l'absurdité ne vient réellement que de vous-même. Vous n'avez en aucune manière entendu ce qu'ils disent, & vous avez confondu les principes que l'esprit apperçoit en eux-mêmes avec ceux qu'il n'apperçoit que par le rapport qu'ils ont avec les autres qu'il connoît. Pour éclaircir un peu vos idées sur ce sujet, je vous demande un moment d'attention.

Dans le nombre prodigieux de connoissances que l'homme possède, il s'en trouve de plusieurs espèces. Mais la première distinction que nous puissions admettre entre ces connoissances, est l'évidence qui caractérise les unes, & les sépare d'avec les autres.

Parmi toutes les connoissances évidentes il s'en trouve qui le sont de manière que personne n'en doute, que tout le monde connoît, qui sont la règle de tous les jugemens des hommes, & sur lesquelles ils ne se trompent jamais. Il y en a d'autres sur lesquelles les hommes se réunissent aussi, si-tôt qu'ils se les proposent mutuellement, mais dont tous ne sont pas également instruits, & sans lesquelles ils peuvent vivre, & cependant juger éxactement de tout ce qui peut se présenter à eux dans le cours de leur vie.

Les premières ont cet avantage, qu'en les ignorant il est impossible à l'homme de porter un seul jugement. De ce nombre est celle du principe, *Ce qui est, est*.

Il n'est pas, je crois, nécessaire de démontrer que celui qui ignore, qui n'a pas la moindre idée de ce principe, soit dans l'impossibilité de juger de rien. Supposons un moment, quelque ridicule que cela soit : supposons un homme, (à quelqu'âge qu'on le prenne,) qui ignore que *ce qui est, est*; & je défie à tous les Philosophes du monde de lui faire former intérieurement aucun jugement.

Le doute même sur ce principe suffiroit pour l'empêcher d'aller plus loin ; mais ce doute supposeroit quelque idée du principe : & l'enfant, selon Locke, n'en est pas encore là.

Je n'avance pas tout ceci, comme des choses dont vous deviez encore convenir. Mais je veux vous faire comprendre, malgré que vous en ayez, le sentiment que vous combattez.

C'est donc de ces principes dont parlent vos Adversaires : pouvez-vous en dire autant de tous les théorêmes de Mathématique qu'il vous plaît de confondre avec ces principes ?

Vous y revenez cependant encore ; & vous dites que vos Adversaires ayant recours à l'usage de la raison pour montrer ces notions dans les enfans, vous avez droit de leur répondre qu'en ce cas ils n'ont ces principes, selon vos Adversaires mêmes, aucun avantage sur les autres vérités que nous pouvons acquerir par l'usage de la raison ; puisqu'il n'est aucune des vérités certaines que tout homme ne puisse connoître par cette voie.

Mais vos Adversaires doivent-ils être garans *des expressions ambigues*, des équivoques, des extravagances, que vous voulez abfolument leur faire dire ? Qui d'entr'eux a prétendu, quand, dans quel Livre, que nous n'avions connoiffance de ces principes que par l'ufage de la raifon ; ufage tel que celui qu'il faut en faire pour découvrir le rapport le plus rapproché entre la diagonale d'un quarré avec fes côtés ?

Mais vous qui nous parlez ici de la raifon, favez-vous ce que c'eft ? Apprenez-le de ceux que vous voulez combattre. Vous verrez enfuite s'ils raifonnent, comme vous le faites pour eux.

La raifon, confidérée dans l'homme, n'eft autre chofe que ces mêmes notions qu'ils foûtiennent y être innées. Ils n'appellent l'homme un animal raifonnable, que parce qu'ayant ces premières femences de connoiffances, il peut parvenir à toutes les autres qui font analogues à fa nature. *Ces principes innés que vous prétendez qu'ils difent ne connoître que par l'ufage de la raifon*, eft cette raifon même par l'ufage de laquelle nous découvrons toutes les connoiffances renfermées dans ces premiers principes. Faire ufage de fa raifon n'eft autre chofe que de déduire des conféquences de ces notions générales & communes : voilà leur systême. Ils sont donc bien éloignés de convenir qu'il faut que nous ayons l'usage de la raison avant que de connoître ces principes. Au contraire ils soûtiennent à vous & à tous vos Disciples qu'il seroit impossible que l'homme fût raisonnable sans avoir en lui ces principes, c'est-à-dire, sans avoir la raison. Attendez-vous aussi qu'ils vous le démontrent?

On ne vous nie point qu'un homme, en faisant usage de sa raison, ne parvienne à découvrir tous les théorêmes qui résultent des axiomes de Mathématique : mais on vous nie très-fort que ces théorêmes soient de même nature (quant à la connoissance que nous en avons) que les principes généraux qui en nous sont les premiers élémens des jugemens que nous formons. A l'égard des axiomes des Mathématiciens, vous conviendrez sans doute, que ce mot *axiome* n'est pas assez déterminé par lui-même pour savoir éxactement quels sont les principes auxquels vous donnez ce nom.

Chaque science a ses axiomes particuliers, chaque partie même des sciences a des axiomes propres. Mais il y a des principes plus généraux que tous ces axiomes, qui leur servent même de règles, qui sont les premiers élémens de tous les sciences, qui n'appartiennent pas à l'une plus qu'à l'autre, qui sont les règles de toutes ; & ces premiers axiomes sont la raison, telle qu'elle se trouve dans l'homme.

Je ne puis m'arrêter à vous expliquer ceci plus au-long. C'est l'objet particulier du Livre suivant. C'est aussi là que j'en traiterai expressément. Il me suffit ici de vous avoir fait sentir le ridicule de votre première alternative. Voyons présentement si vous êtes plus heureux dans la seconde.

Article IV.

Quatrième raison de Locke.

APrès avoir apporté vos raisons pour soûtenir que les principes dont nous parlons ne seroient pas innés, quand même ce seroit la raison qui nous les découvriroit, vous prétendez qu'*il est faux que la raison découvre ces principes* (1). Oh, pour le coup, nous sommes d'accord.

(1) Tome 1. page 27.

Mais j'appréhende bien que cela ne dure pas long-temps ; car si nous venons à expliquer tous les deux les motifs qui nous déterminent chacun de notre côté à juger ainsi, il pourra bien se faire que ces motifs soient forts différents chez vous & chez moi. Commençons par écouter les vôtres ; je vous dirai les miens après.

Texte de l'Auteur.

« (1) Mais comment peut-on penser
» que *l'usage de la raison* soit néces-
» saire pour découvrir des principes
» qu'on suppose *innés*, puisque la rai-
» son n'est autre chose (s'il en faut
» croire ceux contre qui je dispute,) que
» la faculté de déduire des principes déja
» connus des vérités inconnues ? Certai-
» nement on ne pourra jamais regarder
» comme un principe *inné* ce qu'on ne
» sauroit découvrir que par le moyen
» de la raison, à moins qu'on ne re-
» çoive, comme je l'ai déja dit, toutes
» les vérités certaines que la raison peut
» nous faire connoître, pour autant de
» *vérités innées*. Nous serions aussi bien

(1) Ibidem.

» fondés à dire, que l'usage de la raison
» est nécessaire pour disposer nos yeux
» à discerner les objets visibles, qu'à
» soûtenir que ce n'est que par la rai-
» son ou par l'usage de la raison, que
» l'entendement peut voir ce qui est
» originairement imprimé dans l'enten-
» dement lui-même, & qui ne sauroit
» y être avant qu'il l'apperçoive. De-
» sorte que, de donner à la raison la
» charge de découvrir des vérités qui
» sont imprimées dans l'esprit de cette
» manière, c'est dire que l'usage de la
» raison fait voir à l'homme ce qu'il
» savoit déja : & par conséquent l'opi-
» nion de ceux qui osent avancer que
» ces vérités sont *innées* dans l'esprit des
» hommes, qu'elles y sont originaire-
» ment empreintes avant l'usage de la
» raison ; cette opinion, dis-je, revient
» proprement à ceci : Que l'homme con-
» noît & ne connoît pas en même temps
» ces sortes de vérités. "

Reponse.

Pensiez-vous, en écrivant ce Paragraphe & les deux suivans, qu'il n'en falloit pas davantage pour renverser toutes vos

Pagination incorrecte — date incorrecte

NF Z 43-120-12

prétentions ? Je ne serois pas si fort contre vous, si vous n'aviez pas reconnu vous-même des principes qui établiront toujours d'une manière inébranlable le sentiment de ceux que vous combattez. Mais il faut cependant avouer que vous avez parlé d'une manière assez peu claire, pour que tout Lecteur ne sente pas d'abord à quoi peut aboutir tout ce que vous dites ici. Je vais tâcher d'y répandre du jour.

1°. Vous avez très-grande raison de demander comment on peut penser que l'usage de la raison soit nécessaire pour découvrir des principes qu'on suppose innés. Rien en effet ne seroit plus ridicule. Mais savez-vous bien aussi que rien n'est plus odieux que d'imputer ainsi des extravagances à ceux contre lesquels on dispute ? Je voudrois bien, pour éviter le reproche que je vous fais ici, que vous me montrassiez que les défenseurs des idées innées prétendent que les principes dont vous parlez sont innés, & en même temps qu'on en acquiert la connoissance par l'usage de la raison. Comme vous ne pouvez me répondre vous-même, je défie ici toute votre Ecole, toutes les différentes Sectes de vos Disciples, de nous faire voir que les Métaphysiciens qu'ils contredisent, d'après vous, ont enseigné, enseignent encore ce que vous leur faites dire ici. Tout ce que vous débitez donc dans le long passage que je viens de rapporter, ne tombant que sur ce que personne ne soûtient, il est clair qu'il ne doit être compté pour rien dans votre réfutation des principes innés.

1°. Il est faux que, *si l'on en croit ceux contre lesquels vous disputez, la raison ne soit autre chose que la faculté de déduire des principes déja connus, des vérités inconnues.* Vos Disciples, les Encyclopédistes n'ont peut-être jamais rien avancé de plus vrai que ce qu'ils disent dans leur Préface à votre sujet. Ils conviennent que vous n'avez *pas étudié les Livres* des Métaphysiciens. C'est là, par exemple, une vérité dont on *sent* l'évidence à chaque page de votre gros Livre. Pour peu que vous eussiez voulu vous instruire du sentiment de ceux contre lesquels vous disputez, qui selon vous-même sont tous des Métaphysiciens; vous auriez reconnu que ce que vous appellez ici *la raison*, n'est pas, *à les en croire*, la raison, mais l'usage, l'exercice de la raison, c'est-à-dire, le raisonnement.

3°. Non, Monsieur, *on ne pourra jamais regarder comme un principe inné ce qu'on ne sauroit découvrir que par ce moyen, c'est-à-dire l'usage, l'exercice de la raison*; mais on aura droit de regarder comme innée toute connoissance qui précéde cet usage, cet exercice qui lui sert de fondement & d'appui. Ceux contre lesquels vous disputez, sont bien éloignés de regarder les principes que vous combattez, comme des déductions, des résultats de raisonnemens; au contraire ils soûtiennent que ces premières notions sont le fondement, le principe même de tout raisonnement. Ils prétendent que ces notions sont innées ; c'est-à-dire, que si elles n'étoient dans les hommes, les hommes ne seroient jamais raisonnables. Ils ne pourroient faire aucune déduction de principes, ils n'acquerroient aucune connoissance : privés de la lumière, ils seroient toujours dans les ténèbres. Voilà ce que pensent ceux contre lesquels vous disputez. Ainsi ils conviennent avec vous que toutes les raisons que vous apportez pour soûtenir que *l'usage de la raison ne ne nous découvre pas les principes innés*, n'ont pas pour défaut de combattre une vérité : mais au contraire leur défaut consiste en ce que vous vous y prenez fort mal pour réfuter une erreur que l'on condamne aussi-bien que vous.

4°. Mais si vous convenez avec vos Adversaires en ce point, que ce n'est pas par l'usage de la raison que nous avons la connoissance de ces principes ; comment pourrez-vous soûtenir que ces principes ne sont pas innés ? Je n'ai encore rien vu de vos preuves à ce sujet. Le reste de vos paroles n'ayant pas d'autre objet que de tourner en ridicule ce que personne ne dit, je vous laisse vous égayer de vos propres songes.

Texte de l'Auteur.

„ (1) On répliquera peut-être, que
„ les démonstrations mathématiques &
„ plusieurs autres vérités qui ne sont
„ point *innées*, ne trouvent pas créance
„ dans notre esprit, dès que nous les
„ entendons proposer ; ce qui les distin-
„ gue de ces premiers principes que
„ nous venons de voir, & de toutes les

(1) Tome I. page 29.

» autres vérités *innées*. J'aurai bien-tôt
» occasion de parler d'une manière plus
» précise du consentement qu'on donne
» à certaines propositions dès qu'on les
» entend prononcer. Je me conten-
» terai de reconnoître ici franchement,
» que les maximes qu'on nomme *innées*,
» & les démonstrations mathématiques
» diffèrent en ce que celles-ci ont be-
» soin du secours de la raison qui les
» rende sensibles & nous les fasse rece-
» voir par le moyen de certaines preu-
» ves ; au lieu que les maximes qu'on
» veut faire passer pour principes *innés*,
» sont reconnues pour véritables dès
» qu'on vient à les comprendre, sans
» qu'on ait besoin pour cela du moin-
» dre raisonnement. Mais qu'il me soit
» permis en même temps de remarquer
» que cela même fait voir clairement
» le peu de solidité qu'il y a à dire, com-
» me font les partisans des *idées innées*,
» que l'usage de la raison est nécessaire
» pour découvrir ces vérités générales,
» puisqu'on doit avouer de bonne foi
» qu'il n'est besoin d'aucun raisonnement
» pour en reconnoître la certitude. En
» effet, je ne pense pas que ceux qui
» ont recours à cette réponse, osent soû-

» tenir, par exemple, que la connoissan-
» ce de cette maxime, *Il est impossible*
» *qu'une chose soit & ne soit pas en*
» *même temps*, soit fondée sur une con-
» séquence tirée par le secours de notre
» raison. Car ce seroit détruire la bon-
» té qu'il prétendent que Dieu a eu
» pour les hommes, en gravant dans
» leurs ames ces sortes de maximes ;
» ce seroit, dis-je, anéantir tout-à-fait
» cette grace dont ils paroissent si ja-
» loux, que de faire dépendre la con-
» noissance de ces premiers principes,
» d'une suite de pensées déduites avec
» peine les unes des autres. Comme tout
» raisonnement suppose quelque recher-
» che, il demande du soin & de l'ap-
» plication, cela est incontestable. D'ail-
» leurs en quels sens tant soit peu rai-
» sonnable peut-on soûtenir, qu'afin de
» découvrir ce qui a été imprimé dans
» notre ame par la nature, pour qu'il
» serve de guide & de fondement à
» notre raison, il faille faire usage de
» cette même raison ? «

REPONSE.

Quoi ! vous ne pouvez sortir de votre

rêve ? Vous y revenez toujours ? Je n'ai garde de répondre cent fois à la même chose. Je ne fais plus attention qu'aux aveux que vous nous faites. Profitons-en.

1°. *Vous reconnoissez donc franchement que les maximes innées, & les démonstrations mathématiques différent en ce que celles-ci ont besoin du secours de certaines preuves, au lieu que les principes innés sont reconnus pour véritables, sans qu'on ait besoin pour cela du moindre raisonnement.*

Je ne me mets guère en peine si vous en concluez qu'en ce cas ce n'est pas l'exercice de la raison qui nous les découvre, puisque c'est aussi la conclusion que je tire : mais ce qui me surprend, c'est que vous reconnoissiez que ces principes sont innés en nous, sans vouloir néanmoins en convenir. Car, dites-moi, si ces notions précèdent en nous l'usage de la raison, si nous en connoissons la vérité sans le secours d'aucun raisonnement, pas même *du moindre* ; s'il n'est pas nécessaire que la raison nous les rende sensibles, ou nous les fasse recevoir par le moyen de certaines preuves, il est clair qu'on ne pourra jamais faire voir comment les hommes en ont acquis la connoiſſance.

Je ſais très-bien que vous devez par la ſuite faire entrer toutes les connoiſſances par les ſens, & que c'eſt le motif qui vous détermine dans ce premier Livre à rejetter les *idées innées*. Nous examinerons dans la ſuite la manière dont vous vous y prendrez pour cela : en attendant, je vous ſoûtiens qu'il eſt impoſſible aux hommes d'acquerir les idées, les notions, les principes innés, en admettant ce que vous venez de *reconnoître franchement*.

En effet, puiſque vous convenez qu'il n'eſt pas néceſſaire que l'homme faſſe le moindre uſage de ſa raiſon, de ſa réflexion, pour connoître la vérité de ces principes ; la connoiſſance qu'il en a, n'eſt donc pas acquiſe par raiſonnement. C'eſt votre propre aſſertion.

On les reconnoît pour vrais, dès qu'on vient à les comprendre. C'eſt encore vous qui le dites.

Mais comment vient-on à les comprendre ? c'eſt là toute la queſtion. Les comprendre, n'eſt, à mon avis, rien autre choſe que d'en reconnoître la vérité ; & cela me paroît évident. Comprendre qu'*une chose ne peut être & n'être pas en même temps*, n'est-ce pas connoître que cette chose ne peut être & n'être pas en même temps ? N'est-ce pas appercevoir cette vérité ? Appercevoir cette vérité, n'est-ce pas en convenir ? car il ne s'agit ici que du jugement intérieur.

Mais, selon vous & tous vos Disciples, comme nous le verrons assez au long dans la suite, ces premiers principes, ces notions générales ne peuvent entrer dans l'ame par le moyen des sens dans l'état de généralité où elles sont. C'est, dites-vous tous, le fruit des abstractions que nous avons faites de plusieurs autres idées simples qui sont entrées en nous par les sens.

Là-dessus voici comme je raisonne, Selon Locke & tous ses Sectateurs, les idées & les notions communes ne peuvent entrer par les sens dans l'état où elles se trouvent dans notre esprit.

Les sens cependant, selon eux tous, sont la seule source, la seule origine de toutes nos idées.

Mais, selon Locke, c'est-à-dire, le Maître de tous ceux à qui j'ai affaire, il n'est besoin d'aucune réfléxion, d'aucun usage de la raison, d'aucun éxercice de l'attention pour connoître ces maximes, pour avoir ces connoissances. Donc, selon Locke, ces connoissances sont innées, puisqu'elles ne sont pas entrées dans l'homme par les sens ; & que, selon lui, les sens sont la seule source des idées acquises.

En voilà assez, & même plus qu'il n'en faut, pour faire sentir tout le ridicule du Texte que je viens d'éxaminer. J'ai montré qu'il ne servoit que d'armes contre vous-mêmes. Voyons ce que vous ajoûtez, je n'en veux rien perdre.

Texte de l'Auteur.

» (1) Tous ceux qui voudront prendre
» la peine de réfléchir avec un peu
» d'attention sur les opérations de l'en-
» tendement, trouveront que ce con-
» sentement que l'esprit donne sans pei-
» ne à certaines vérités, ne dépend en
» aucune manière, ni de l'impression
» naturelle qui en ait été faite dans l'ame,
» ni de l'usage de la raison, mais d'une
» faculté de l'esprit humain qui est tout-
» à-fait différente de ces deux choses,

(1) Tome 1. page 31.

» comme nous le verrons dans la suite.
» Puis donc que la raison ne contribue
» en aucune manière à nous faire rece-
» voir ces premiers principes, si ceux
» qui soûtiennent que *les hommes les*
» *connoissent & y donnent leur consen-*
» *tement dès qu'ils viennent à faire*
» *usage de leur raison*, veulent dire par
» là que l'usage de la raison nous con-
» duit à la connoissance de ces princi-
» pes, cela est entièrement faux ; &
» quand il seroit véritable, il ne prou-
» veroit point que ces maximes sont
» innées. «

REPONSE.

Ainsi donc vous n'avez aucune autre manière de nous prouver que *ce consentement que l'esprit donne sans peine à certaines vérités*, ne fait point qu'elles sont innées. Convenez-en donc du moins. Car de nous renvoyer en général *à la suite*, pour nous faire voir *une faculté de l'esprit humain*, par le moyen de laquelle nous acquerons ces connoissances ; en vérité c'est une méthode qui ne répond pas à votre dessein. Nous vous le répétons : notre confiance pour *la suite* ne peut être fondée que sur *les démonstrations* de ce premier Livre. Mais comme nous avons entièrement renversé les motifs sur lesquels il vous a plu de *créer* cette nouvelle *faculté*, nous nous en tenons-là pour le présent. Nous vous promettons néanmoins de vous accompagner dans *la suite*, pour faire l'examen de ce que vous y dites. Ce qui nous reste donc ici, c'est de conclure ainsi contre vous.

Les défenseurs des idées innées ne soûtiennent pas ce que Locke leur fait avancer; & quand ils le soûtiendroient, Locke n'a rien dit contr'eux de raisonnable.

ARTICLE V.

Cinquième raison de Locke.

UNe autre de vos preuves contre les principes innés, c'est que " (1) quand " on commence à faire usage de la raison, on ne commence pas à connoître CES MAXIMES GENERALES qu'on " veut faire passer pour innées. "

(1) Tome 1. page 31.

Vous vous êtes donc entièrement décidé à ne jamais parler clairement.

1°. Les équivoques vous plaisent tant, que vous y avez perpétuellement recours. Qu'est-ce qu'*une maxime générale* ? N'est-ce pas une expression consacrée par les Savans pour énoncer les principes généraux des sciences & des arts ? Qui a jamais entendu autrement ces mots de *maximes générales* ? Votre dessein est de vous étayer de tout ce que vous pouvez, pour donner quelque spécieux à vos objections : mais je vous ferai des questions si simples, que je vous en ôterai les moyens.

Je sais bien que dans le langage ordinaire on peut fort bien se servir du terme de *maximes générales* pour exprimer les principes dont vous parlez ici : mais lorsque l'on peut *abuser des mots* en leur donnant différentes significations, un Philosophe doit être attentif à ce qu'il dit, & ne pas donner occasion à ces abus.

Mais ce ne sont pas seulement vos Lecteurs qui abuseront de cette expression, c'est vous-même qui la prenez dans un sens différent de celui qu'elle doit avoir étant appliquée aux principes dont vous parlez : il est aisé de vous en faire convenir.

N'est-il pas vrai que vous voulez dire que, quand on commence à faire usage de la raison, on ne commence pas à savoir qu'il y a certaines formules générales consacrées à exprimer les jugemens que l'on appelle principes généraux ? qu'il n'arrivera jamais à un enfant de prononcer cette maxime générale, *Il est impossible qu'une chose soit & ne soit pas en même temps* ? Voilà ce que vous prétendez ; car enfin vous ne soûtenez pas qu'il y a eu un temps dans lequel un enfant avoit l'usage de la raison, & ne savoit cependant pas qu'il devoit conclure qu'il éxistoit de ce qu'il éxistoit en effet.

2°. Après avoir prévenu l'équivoque de vos expressions, éxaminons bien tous les sens dans lesquels on peut les prendre.

En supposant donc que vous vouliez dire qu'on ne commence pas à prononcer ce jugement intérieur, *Une chose est, quand elle éxiste*, dès que l'on commence à faire usage de la raison ; j'en conviens avec vous, & cela pour plusieurs raisons.

1°. C'est que je pense que rien n'est plus obscur que cette expression, *Quand on commence à faire usage de la raison.* Qu'entend-on ici par la *raison*, par *l'usage* dont on parle, par ce mot *commencer* ? Tout cela est si confus, qu'il ne peut absolument nous servir à décider notre question. Vous savez que nous ne sommes pas d'accord sur ce que c'est que la raison. J'ai prétendu que c'étoit ces notions elles-mêmes que vous combattez. Comment voulez-vous que nous soyons d'accord sur son usage, sur le temps où on commence à le faire cet usage ?

2°. En supposant même que nous pussions convenir entre nous de quelques notions claires à ce sujet ; à quel âge, dites-moi, fixeriez-vous le temps auquel on commence à faire usage de la raison ? C'est ce qu'il faudroit cependant éxécuter, pour en venir à la décision de cette difficulté.

3°. Comment ensuite vous y prendriez-vous pour montrer que tous les hommes ont commencé d'abord à faire usage de leur raison, & qu'enfin après bien des réfléxions, ils sont venus à bout de commencer à connoître ces principes par le secours d'une autre faculté, que vous nous ferez voir par la suite.

Concluez avec moi, je vous le conseille, que, selon votre judicieuse remarque, il n'est que trop vrai *que des expressions ambigues, qui ne signifient rien, passent pour des raisons évidentes dans l'esprit DE CEUX, QUI PLEINS de quelque préjugé, ne prennent pas la peine d'éxaminer avec assez d'application ce qu'ils disent pour défendre leur propre cause. C'est aussi ce qui me paroît évident dans cette occasion.*

4°. Mais si en effet vous prétendez que les hommes ont fait usage de leur raison, c'est-à-dire, qu'ils ont déduit des conséquences de principes dont ils n'avoient pas même la moindre idée; je vous renvoie à toutes les réfléxions que vous avez faites sur cette extravagance, & à celles que tout Lecteur judicieux est en état d'y ajoûter.

Article VI.

Sixième & septième raisons de Locke.

Après ce que nous avons dit ci-devant, nous pourrions bien nous dispenser de discuter ces deux raisons : mais comme mes Adversaires ne manqueroient pas d'en prendre occasion de dire que je n'ai réfuté que ce qu'il m'a plu ; & que d'ailleurs vous parlez ici avec une confiance toute particulière, je vais éxaminer attentivement les motifs que vous pouvez avoir de cette confiance ; & pour cela je vous écoute. Voyons ce que vous avez à nous dire. *On ne sauroit, dites-vous, distinguer par là ces maximes de plusieurs autres vérités qu'on peut connoître dans le même temps* (1). Comment prouvez-vous cela ? Parlez.

Texte de l'Auteur.

» (2) Il est bon de remarquer que
» ce qu'on dit, que *dès qu'on fait usage*
» *de la raison, on s'apperçoit de ces*
» *maximes, & qu'on y acquiesce*, n'em-
» porte dans le fond autre chose que
» ceci ; savoir, qu'on ne conçoit jamais
» ces maximes avant l'usage de la rai-
» son, quoique peut-être on n'y donne
» un consentement actuel que quelque
» temps après, durant le cours de la

(1) Tome 1. page 34. & 35.
(2) Ibidem.

» vie. Du reste, le temps auquel on
» vient à les reconnoître & à les rece-
» voir, est tout-à-fait incertain. D'où
» il paroît qu'on peut dire la même
» chose de toutes les autres vérités qui
» peuvent être connues, aussi-bien que
» de ces maximes générales. Et par con-
» séquent il ne s'ensuit point de ce que
» l'on connoît ces maximes, lorsqu'on
» vient à faire usage de sa raison, qu'el-
» les ayent à cet égard aucune préro-
» gative qui les distingue des autres véri-
» tés; & bien loin que ce soit une mar-
» que qu'elles soient *innées*, c'est une
» preuve du contraire. «

RÉPONSE.

Tout ce que vous dites ici, est renversé, par ce que j'ai dit dans les articles précédens. La raison que vous apportez pour prouver qu'on ne sauroit distinguer la connoissance que nous avons de ces principes d'avec celle de plusieurs autres vérités, ne le prouve pas en effet. Il auroit d'abord fallu savoir ce que sont ces *autres vérités*, pour les pouvoir comparer aux principes dont il est question. Vous n'êtes court que dans les endroits où vous devriez-vous expliquer davantage.

Vous convenez donc que *le temps auquel on vient à les connoître, à les recevoir, est incertain* ? Mais cela fait plus contre vous que contre vos Adversaires ; je vous l'ai fait voir ci-devant. Vos Adversaires soûtiennent qu'il est impossible de marquer un temps auquel nous commencions à avoir ces connoissances, un moment dans lequel nous les acquerions. Vous qui vous obstinez à prétendre qu'il y a un temps auquel les hommes ne savent pas conclure leur éxistence, de cela même qu'ils savent qu'ils éxistent, auriez dû nous déterminer quel est ce temps. Vous croyez en en être quitte, en disant que *ce temps est incertain*.

A l'égard des différentes choses de ce Texte qui tombent contre ceux qui soûtiennent que nous ne connoissons ces principes que par l'usage de la raison ; j'en conviens avec vous, & je dis qu'il est extravagant de le prétendre. Mais cela a été discuté assez au-long. Voyons l'autre raison.

Texte de l'Auteur.

» (1) Mais en second lieu, quand il
» seroit vrai qu'on viendroit à connoître
» ces maximes, & à y acquiescer juste-
» ment dans le temps qu'on vient à faire
» usage de la raison, cela ne prouve-
» roit point encore qu'elles soient innées.
» Ce raisonnement est aussi frivole, que
» la supposition sur laquelle on le fon-
» de est fausse. Car par quelle règle de
» Logique peut-on conclure qu'une cer-
» taine maxime a été imprimée origi-
» nairement dans l'ame aussi-tôt que
» l'ame a commencé à éxister, de ce
» qu'on vient à s'appercevoir de cette
» maxime, & à l'approuver, dès qu'une
» certaine faculté de l'ame, qui est ap-
» pliquée à toute autre chose, vient à
» se déployer ? Supposé qu'on vînt à
» recevoir ces maximes justement dans
» le temps qu'on commence à parler,
» (ce qui peut tout aussi-bien arriver alors,
» que dans le temps auquel on commen-
» ce à faire usage de la raison,) on se-
» roit tout aussi-bien fondé à dire que
» ces maximes sont *innées*, parce qu'on
» les reçoit dès qu'on commence à par-

(1) Tome 1. page 34.

» ler, qu'à soutenir qu'elles sont *innées*,
» parce que les hommes y donnent leur
» consentement, dès qu'ils viennent à se
» servir de leur raison.

» Je conviens donc avec les partisans
» des principes innés, que l'ame n'a
» aucune connoissance de ces maximes
» générales, évidentes par elles-mêmes,
» avant qu'elle commence à faire usage
» de la raison ; mais je nie que le temps
» auquel on commence à faire usage de
» la raison, soit précisément celui au-
» quel on commence à s'appercevoir
» de ces maximes : quand cela seroit, je
» nie qu'il s'ensuivît de-là qu'elles fus-
» sent innées. Lorsqu'on dit que *les*
» *hommes donnent leur consentement à*
» *ces vérités, dès qu'ils viennent à faire*
» *usage de la raison*, tout ce qu'on peut
» faire signifier raisonnablement à cette
» proposition, c'est que l'esprit venant
» à se former des idées générales &
» abstraites, & à comprendre les noms
» généraux qui les représentent, dans le
» temps que la faculté de raisonner com-
» mence à se déployer, & tous les ma-
» tériaux se multipliant à mesure que
» cette faculté se perfectionne, il arri-
» ve d'ordinaire que les enfans n'acquié-

» rent ces idées générales, & n'appren-
» nent les noms qui servent à les expri-
» mer, que lorsqu'ayant exercé leur rai-
» son pendant un assez long-temps sur
» des idées familières & plus particu-
» lières, ils sont devenus capables d'un
» entretien raisonnable par le commer-
» ce qu'ils ont eu avec d'autres person-
» nes. Si on peut dire dans un autre
» sens, que les hommes reçoivent ces
» maximes générales lorsqu'ils viennent
» à faire usage de leur raison, c'est ce
» que j'ignore ; & je voudrois bien
» qu'on prît la peine de me le faire
» voir, ou du moins qu'on me mon-
» trât, (quelque sens qu'on donne à
» cette proposition, celui-là ou quelqu'au-
» tre) comment on en peut inférer
» que ces maximes sont *innées*. «

REPONSE.

En vérité je ne sais si nos Lecteurs auront assez de patience pour nous écouter jusqu'au bout : tant que vous me ferez aller de ce train, nous ferons bien du chemin sans avancer. Nous en sommes encore au premier pas, malgré tous les efforts que j'ai pu faire pour vous engager dans la vraie question.

Ce n'est donc pas pour soûtenir contre vous le sentiment des idées innées, que je m'arrête à ces passages ; c'est pour convaincre les Lecteurs de la vérité du reproche que je vous fais d'avoir déguisé la question, pour en imposer aux gens peu éclairés. Examinons donc ce que vous dites ici. *Quand il seroit vrai qu'on viendroit à connoître ces maximes, & à y acquiescer justement dans le temps qu'on vient à faire usage de la raison, cela ne prouveroit point encore qu'elles soient innées.* Cela peut avoir deux sens : il faut les expliquer l'un & l'autre.

1°. On peut connoître une maxime, & n'y pas acquiescer dans le moment; parce qu'on peut la connoître sans y faire attention, c'est ce que je vous ai déja dit. Il est fort singulier que les réponses que l'on vous fait, ne vous arrêtent en aucune sorte ; & que vous alliez toujours sur la même ligne, quoiqu'on vous ait fait voir qu'elle conduit à l'erreur. Si donc vous ne voulez entendre ici que cette connoissance qui peut être en nous sans que nous y fassions actuellement attention ; je ne vois rien de plus inutile que tout ce Paragraphe, puisqu'il ne contredit en aucune sorte ce que l'on soûtient contre vous.

2°. Mais si vous voulez entendre par là qu'on ne commence réellement à connoître ces principes, qu'on ne commence à en avoir la moindre idée, que quand on entre dans l'âge de raison, je vous ai fait assez connoître le ridicule de toute cette prétention ; & vous ne trouverez pas mauvais que je vous renvoie à mes Articles précédens, en tournant en même temps contre vous-même les railleries que vous faites sur cette opinion extravagante. Ce n'est pas seulement *un raisonnement frivole*, c'est une absurdité. La supposition *est fausse*, & la conséquence ridicule.

Oserois-je vous demander *par quelle règle de Logique*, ou plutôt par quelle règle de bonne foi il est permis d'imputer à ceux que l'on veut absolument contredire, des choses qu'ils ne pourroient soûtenir sans abandonner leur propre sentiment ; & de le leur imputer de telle sorte qu'on n'appuye sa réfutation que là-dessus ? Encore une fois on soûtient qu'il y a dans l'homme des connoissances primitives, sources & principes de toutes les autres. Voilà ce que l'on soûtient, ce que l'on vous démontrera dans le Chapitre suivant, ce que vous n'avez osé attaquer ; enfin ce qui renversera toujours de fond en comble le sentiment que vous voulez établir, & que vos Disciples voudroient faire prévaloir sur la Métaphysique, & contre la Religion. Avouez donc tout-d'un-coup votre foiblesse, ne vous cachez pas sous le masque de l'ignorance. Plut à Dieu que ce fût la seule cause des écarts de votre Livre !

Ne vous attendez pas que j'aille discuter tout le fatras obscur de votre discours. Que veut dire tout ce que vous débitez ici sur la manière dont nous acquerons la connoissance des principes dont vous parlez ? Quel est le Lecteur qui puisse pénétrer les ténèbres épaisses sous lesquelles vous vous cachez ? Laissons-les ; elles ne peuvent séduire personne.

Je viens à votre conclusion ; & je vais la répéter dans vos propres termes : *Si on peut dire dans un autre sens que les hommes reçoivent ces maximes géné-*

rales lorsqu'ils viennent à faire usage de leur raison, c'est ce que j'ignore ; & & je voudrois bien qu'on prît la peine de me le faire voir, ou du moins qu'on me montrât (quelque sens qu'on donne à cette proposition, celui-là ou quelqu'autre) comment on en peut inférer que ces maximes sont INNÉES.

Comme c'est là votre conclusion, il suffit, pour renverser tous vos principes, de vous dire : Il est faux que l'on admette cette proposition. Donc tout ce que vous avez dit pour la combattre, ne tombe pas sur ceux que vous voulez contredire. Il y a plus, c'est que toutes vos raisons sont pour eux. Voyez dans le Chapitre suivant l'avantage qu'ils en retirent contre vous-même. Ils sont très-disposés à vous instruire de leur système ; & puisque vous paroissez ici être curieux de l'apprendre, ils tâcheront dans ce même Chapitre de vous le faire concevoir très-clairement. S'ils vous renvoient à l'autre Chapitre, c'est qu'ils veulent répondre à toutes vos difficultés. Ils se tiennent tellement assurés du suffrage de tous les gens censés, qu'ils ne craignent pas de rapporter eux-mêmes tout ce que vous penſez avoir *créé* de plus fort contre leur *opinion*.

Comme vous voulez dans les Paragraphes ſuivans montrer comment les hommes en ſont venus à acquerir la connoiſſance des principes innés, ils vont vous écouter avec patience, & vous répondre, je penſe, avec netteté.

Article VII.

Huitième raiſon de Locke.

ENfin Locke va nous expoſer en abrégé le ſyſtême qu'il compte établir dans les Livres ſuivans. Ecoutons-le attentivement.

Texte de l'Auteur.

„ (1) D'abord les ſens rempliſſent,
„ pour ainſi dire, notre eſprit de diverſes
„ idées qu'il n'avoit point ; & l'eſprit
„ ſe rendant peu-à-peu ces idées fami-
„ lières, les place dans ſa mémoire,
„ & leur donne des noms. Enſuite, il

(1) Tome 1. page 37.

„ vient

» vient à se représenter d'autres idées
» qu'il *abstrait* de celles-là, & il ap-
» prend l'usage des noms généraux. De
» cette manière l'esprit prépare des ma-
» tériaux d'idées & de paroles, sur les-
» quels il exerce sa faculté de raison-
» ner ; & l'usage de la raison devient
» chaque jour plus sensible, à mesure
» que les matériaux sur lesquels elle
» s'exerce, augmentent. Mais quoique
» toutes choses, c'est-à-dire, l'acquisition
» des idées générales, l'usage des noms
» généraux qui les représentent, l'usage
» de la raison, croissent, pour ainsi dire,
» ordinairement ensemble, je ne vois
» pourtant pas que cela prouve en au-
» cune manière, que ces idées soient *in-*
» *nées*. J'avoue qu'il y a certaines vé-
» rités, dont la connoissance est dans
» l'esprit de fort bonne-heure ; mais c'est
» d'une manière qui fait voir que ces
» vérités ne sont point *innées*. En effet,
» si nous y prenons garde, nous trou-
» verons que ces sortes de vérités sont
» composées d'idées qui ne sont nul-
» lement innées, mais acquises ; car
» les premières idées qui occupent l'es-
» prit des enfans, ce sont celles qui leur
» viennent par l'impression des choses

Tome V. G

» extérieures, & qui font de plus fré-
» quentes impressions sur leurs sens. C'est
» sur ces idées acquises de cette maniè-
» re, que l'esprit vient à juger du rap-
» port ou de la différence qu'il y a
» entre les unes & les autres, & cela
» apparemment dès qu'il vient à faire
» l'usage de sa mémoire, & qu'il est
» capable de recevoir & de retenir
» diverses idées distinctes : mais que cela
» se fasse alors ou non, il est certain
» du moins que les enfans forment ces
» sortes de jugemens long-temps avant
» qu'ils ayent appris à parler, & qu'ils
» soient parvenus à ce que nous appellons
» *l'âge de raison*. Car avant qu'un en-
» fant sache parler, il connoît aussi cer-
» tainement la différence qu'il y a entre
» les idées du *doux* & de l'*amer*, c'est-
» à-dire, que le doux n'est pas l'amer,
» qu'il sait dans la suite, quand il vient
» à parler, que l'absynthe & les dragées
» ne sont pas la même chose.

» Un enfant ne vient à connoître que
» *trois & quatre sont égaux à sept*,
» que lorsqu'il est capable de compter
» jusqu'à sept, qu'il a acquis l'idée de
» ce qu'on nomme *égalité*, & qu'il sait
» comment on la nomme : du reste

» quand il est venu là, dès qu'on lui
» dit que *trois & quatre sont égaux à
» sept*; il n'a pas plutôt compris le sens
» de ces paroles, qu'il donne son con-
» sentement à cette proposition, ou pour
» mieux dire, qu'il en apperçoit la vé-
» rité. Mais s'il y a acquiescé si facile-
» ment alors, ce n'est point à cause que
» c'est une *vérité innée*; & s'il avoit dif-
» féré jusqu'à ce temps là à y donner
» son consentement, ce n'étoit point
» non plus à cause qu'il n'avoit point
» encore l'usage de la raison : mais plu-
» tôt il reçoit cette proposition, parce
» qu'il reconnoît la vérité renfermée
» dans ces paroles, *trois & quatre sont
» égaux à sept*, dès qu'il a dans l'es-
» prit les idées claires & distinctes qu'el-
» les signifient. Par conséquent il con-
» noît la vérité de cette proposition,
» sur les mêmes fondemens & de la
» même manière, qu'il savoit aupara-
» vant *que la verge & une cérise ne
» sont pas la même chose* ; & c'est en-
» core sur les mêmes fondemens qu'il
» peut venir à connoître par la suite
» qu'il est impossible qu'une chose soit
» & ne soit pas en même temps, com-
» me nous le ferons voir plus ample-

» ment ailleurs. De sorte que plus tard
» on vient à connoître les idées géné-
» rales dont ces maximes sont composées,
» ou à savoir la signification des termes
» généraux dont on se sert pour les ex-
» primer, ou à rassembler dans son esprit
» les idées que ces termes représentent,
» plus tard aussi on donne son consen-
» tement à ces maximes, dont les ter-
» mes aussi-bien que les idées qu'ils re-
» présentent, n'étant pas plus innés que
» ceux *de chat* ou de *belette*, il faut atten-
» dre que le temps & les réfléxions que
» nous pouvons faire sur ce qui se passe
» devant nos yeux, nous en donnent la
» connoissance; & c'est alors qu'on sera
» capable de connoître la vérité de ces
» maximes dès la premiere occasion
» qu'on aura de joindre ces idées dans
» son esprit & de remarquer si elles
» conviennent ou ne conviennent point
» ensemble, selon qu'elles sont expri-
» mées dans ces propositions. D'où il
» s'ensuit qu'un homme sait que *dix-*
» *huit & dix-neuf sont égaux à trente-*
» *sept* avec la même évidence qu'il sait
» qu'*un & deux sont égaux à trois* ;
» mais qu'un enfant ne connoît pourtant
» pas la premiere proposition si-tôt que

» la seconde : ce qui ne vient pas de ce
» que l'usage lui manque, mais de ce
» qu'il n'a pas si-tôt formé les idées signi-
» fiées par les mots *dix-huit & dix-neuf*
» *& trente-sept*, que celles qui sont ex-
» primées par les mots *un, deux &*
» *trois*. «

RÉPONSE.

Voilà donc comment vous croyez que les hommes en sont venus à connoître les principes que l'on appelle innés. Discutons un peu tout votre discours.

1°. Le premier moyen que nous ayons d'acquerir nos connoissances, est, selon vous, l'usage des sens. *Les sens*, dites-vous, *remplissent, pour ainsi dire, notre esprit de diverses idées qu'il n'avoit point*.

Mais je vous demande *d'abord si des expressions ambigues, qui n'ont pres-qu'aucun sens*, peuvent tenir lieu de raisons ? Comment expliqueriez-vous clairement ce verbe *remplir* que vous attribuez aux sens, pour faire entrer, comme en foule, les idées dans notre esprit par leur canal ? Quelles sont ces idées qui entrent ainsi par les sens ? Que sont-elles ces idées ? D'où viennent-elles ? Existent elles avant que les sens les fassent passer dans notre esprit vuide, pour le remplir ? Vous voyez bien que ces expressions ne sont pas à beaucoup près fort claires. Première difficulté.

J'en trouve encore une seconde, qui n'est pas moins importante ; & la voici. Vos Adversaires nient fort & ferme ce que vous avancez-là comme incontestable ; & je ne sais *par quelle règle de Logique* on peut apporter en preuve de son sentiment les propositions mêmes qu'on vous nie. Mais puisque l'on vous regarde comme le Métaphysicien le plus clair & le plus profond, je ne doute pas que vos Disciples ne soient à portée de trouver à cela quelque réponse. Je voudrois bien qu'ils eussent la complaisance de me résoudre à votre avantage ces deux premières difficultés. Il n'y auroit plus alors à satisfaire qu'à quelques objections que je vais opposer contre votre système ; vous voulez bien sans doute les écouter.

En prétendant, comme vous le faites, que toutes nos idées tirent leur origine des sens, & qu'il n'est aucune connoissance dans l'entendement humain à laquelle il ne soit parvenu en partant uniquement des sensations ; vous devez nécessairement soûtenir qu'un enfant n'a absolument aucune connoissance, avant qu'il ait fait usage de ses sens. Ainsi il y a eu un temps dans lequel votre connoissance, de même que celle de tous les autres hommes, étoit égale à zero. Vous ne saviez même pas que vous éxistiez. Sans doute, me répondez-vous ; il y avoit bien en moi une capacité à acquerir les connoissances que j'ai actuellement ; mais pour lors je n'en avois absolument aucune, & c'est pourquoi je vous dis que *d'abord les sens remplissent* &c. sans cela l'esprit resteroit toujours vuide ; & l'esprit, s'il n'étoit joint à un corps, n'auroit jamais aucune idée. Mais en ce cas, M. Locke, l'esprit n'est rien, & voici comme je le prouve. Un esprit qui n'a aucune idée, n'a aucune connoissance. Or je voudrois bien me former l'idée d'un esprit sans connoissance. Je défie d'en avoir une autre que celle du néant : en effet un esprit n'a aucune des propriétés du corps Mais s'il n'a aucune connoissance, il n'a aussi aucune des propriétés de la substance intelligente. Et comme on n'a encore connu que ces deux espèces de substances, c'est-à-dire ; la matérielle & la spirituelle, il s'ensuit qu'un esprit privé de sens corporels, n'ayant aucune des propriétés de l'être, seroit un pur néant. Donc de deux choses l'une, ou votre système est faux, ou il n'y a point de substance spirituelle dans l'homme, il n'y a point d'ame. Cette alternative est pressante. A laquelle de ces deux *hypothèses* vous déciderez-vous ? Le choix de vos Disciples seroit bien-tôt fait, s'ils osoient l'avouer. Ils savent tous aussi-bien que moi que votre système conduit à nier l'éxistence des esprits ; & voilà la source des éloges qu'ils vous prodiguent.

Comme donc cette conséquence n'est pas de nature à les effaroucher, je ne leur dirai pas seulement que ce système est impie & opposé à la Religion ; ils pensent que c'est être un grand homme que de la contredire : mais je leur représenterai que ce système est *extravagant*, c'est à cela seul qu'ils sont sensibles.

N'est-il pas extravagant en effet de vouloir faire entrer par les sens, des choses de la nature des idées ? N'est-il pas extravagant de vouloir faire éxister les idées dans notre esprit avant qu'il les connoisse ? N'est-il pas enfin extravagant de ne regarder le principe de la pensée que comme la capacité de recevoir des sens les idées dont il a besoin pour penser ? Telle est cependant en abrégé l'opinion de Locke & de ses Sectateurs.

Je voudrois bien que tous ces prétendus Métaphysiciens me fissent la grace de me donner une idée nette & précise d'une substance qui n'est encore que la capacité à devenir ce qu'elle doit être. N'est-ce pas là, selon Locke, l'idée que l'on doit avoir de l'ame des enfans ? Et suivant le même Locke, l'ame des idiots est-elle autre chose que la capacité à devenir ce qu'elle ne sera jamais ? Je défie au plus hardi Encyclopédiste de me nier ce que j'avance ici. Pourquoi n'a-t-on donc pas prononcé tout-d'un-coup que Locke étoit extravagant, & qu'il n'y avoit que l'ignorance qui pouvoit lui enfanter des Disciples ? Ne sentons-nous pas qu'indépendamment des sens nous pouvons penser ? Je dis, *Ne sentons-nous pas ?* mais que Locke n'en tire aucun avantage. Un pur esprit sentiroit son existence : que dis-je ? le corps sent-il ? Pas plus qu'il ne pense. Il peut bien occasionner dans l'ame des sensations, c'est l'ordre que Dieu lui-même a établi : mais pour cela s'ensuit-il qu'il sente ? Je sais tout aussi-bien que Locke qu'un aveugle n'a aucune idée des couleurs, un sourd des sons, quand sa surdité vient de naissance. Mais avoir les idées des couleurs, & celles des sons, est-ce autre chose que d'avoir senti l'impression que les sons & les couleurs font sur nos organes ? Celui qui n'auroit aucun organe, aucun corps, ne pourroit avoir éprouvé cette impression ; je l'avoue : donc, poursuivra Locke, c'est par les sens que nous recevons ces idées. Quand j'accorderois à Locke que nous ne connoissons les qualités sensibles des corps que par le secours des sensations, pourroit-il en conclure de là que c'est à nos sens que nous devons toutes nos connoissances ? Je l'en défie. Le Chapitre suivant traitera toute cette matière assez au-long. Continuons nos réfléxions sur son Texte.

2°. *L'esprit se rendant peu-à-peu ces idées familières, les place dans sa mémoire, & leur donne des noms.*

Si, selon la remarque des Encyclopédistes, *la Métaphysique en est réduite à des Apologistes*, je ne sais quel est celui qui voudra se donner la peine de faire l'apologie de la Métaphysique de Locke. En effet comment peut-on entendre ce qu'il veut nous dire ici ? Comment l'esprit se rend-il familières les idées qu'il a reçues des sens ? comment les place-t-il dans sa mémoire, afin de leur imposer des noms ? C'est, il faut l'avouer, ce qu'il n'est pas aisé de concevoir clairement.

1°. Selon Locke & ses Disciples, tout dans l'homme se réduit à sentir. Recevoir l'idée d'une chose, c'est sentir cette chose. Se rendre cette idée familière, c'est sentir plusieurs fois de suite cette chose. La placer dans sa mémoire, c'est faire en sorte de pouvoir la sentir chaque fois qu'on le désirera. Ainsi, pour donner au Texte de Locke les expressions qu'il doit avoir dans son systême, il faut dire : *L'esprit sentant fréquemment une chose, acquiert la facilité de se la faire sentir quand il le veut, & donne un nom à cette sensation.* Ou bien, *Un objet extérieur ayant excité fréquemment dans mes organes une certaine impression, j'ai acquis* la facilité de l'exciter quand je voudrois, & j'ai donné à cette impression tel nom. Je suis honteux d'être obligé de faire *sentir* à Locke & à ses Disciples l'absurdité d'une pareille Philosophie : mais enfin, puisqu'il le faut, voyons-en toute l'extravagance.

Je suppose qu'un enfant commence à ouvrir les yeux. Il est dans une chambre : tous les objets qui y sont frappent, les uns plus fortement, les autres moins, l'organe de sa vuë. Il les parcoure successivement des yeux, & enfin il a vu autant de fois *la chaise* que *la table* qui sont dans cette chambre. La fréquente vuë qu'il aura de chacun de ces objets, devra suffire, selon Locke même, pour qu'il s'en rende familières les différentes sensations, & qu'il les place dans sa mémoire. D'où il doit s'ensuivre deux choses. 1°. Il n'aura que ces idées ou sensations. 2°. *Il les placera dans sa mémoire, & leur donnera des noms.* Mais si cela suffit pour faire que cet enfant juge & raisonne sur ces objets, moins il en verra d'autres par la suite, & plus il sera occupé à faire toutes sortes de réfléxions sur ce petit nombre d'idées ou de sensations. Quoi qu'il en soit du progrès qu'il aura fait à cet égard dans un certain temps, je le transporte de cette chambre, & je le mets dans une autre toute différente pour sa construction & ses ameublemens. Je défie à Locke de me montrer que cet enfant ait les mêmes sensations qu'il avoit ci-devant. Il aura celles que lui occasionneront les nouveaux objets qui frappent ses sens. En lui faisant ainsi toute sa vie habiter des lieux différens, je le verrai mourir très-vieux, sans avoir aucune connoissance. C'est ce que j'entreprends ici de prouver à Locke & à ses Disciples.

En partant uniquement des sensations, selon le desir même de Locke & de ses Disciples, je ne vois dans un enfant que les impressions purement physiques que peuvent causer sur ses organes extérieurs les différens objets qui se trouvent dans la chambre où il prend naissance. Je ne puis, je crois, le prendre plus jeune. Ces premières sensations que l'enfant éprouve, quelles sont-elles ? C'est de la réponse à cette question que dépend tout ce que nous avons à décider ici. Pour soûtenir le système de Locke & de ses Disciples, il faut nécessairement prétendre qu'elles ne diffèrent pas de l'effet que le verre lenticulaire fait sur une toile où il réfléchit les rayons que les objets extérieurs envoient sur sa surface; & qu'ainsi on ne doit pas distinguer l'esprit d'un enfant, d'une *chambre obscure* : (c'est le nom que l'on donne à des machines d'optique fort connues depuis quelques années.) D'où je conclus que les divers endroits dans lesquels on pourroit à son gré faire passer successivement cet enfant, ne faisant chacun rien de plus en lui, il doit rester à la fin de sa vie aussi dépourvu de connoissances qu'il étoit en venant au monde. Locke aussi-bien que ses Disciples lui refusent alors toute connoissance, il doit n'en avoir aucune par la suite.

Mais, diront les Disciples de Locke, nous ne prétendons pas, & Locke notre Maître n'a jamais dit que l'effet des sensations fût la même chose que l'effet d'une chambre obscure. Nous avouons que l'animal en général, & l'homme en particulier, sont doués d'une faculté sensitive, par le moyen de laquelle ils éprouvent certains sentimens à l'occasion de ces impressions ; au lieu que la chambre obscure n'a aucun sentiment de ce qui se peint dans son intérieur.

Je sais fort bien que vous devez me faire toute cette objection, & c'est à dessein que je vous mets dans le cas de me la faire. Mais, dites-moi, ce sentiment que l'enfant éprouve, & que la chambre obscure n'éprouve pas, est-il une connoissance, ou ne l'est-il pas? Première question à laquelle je vous défie de me répondre par la négative. En effet, *sentir que l'on est affecté* ne peut absolument se trouver avec *ignorer que l'on est affecté*. Il est donc évident d'abord que ce *sentiment* est une *connoissance*. Secondement est-ce l'organe de l'œil qui met cette connoissance dans l'enfant? Si c'est l'organe, pourquoi ce verre lenticulaire ne la produit-il pas aussi dans la chambre obscure? C'est, répondez-vous, que l'enfant a *la faculté de sentir*, & que la chambre obscure ne l'a pas. Mais qu'est-ce cette *faculté de sentir*? Dans le cas présent, c'est la faculté de voir. Qu'est-ce que voir? Si par rapport à l'enfant, *voir* n'est autre chose que l'effet que produit dans notre œil l'impression qu'y causent les corps extérieurs, je ne trouve aucune différence entre l'enfant & la chambre obscure. Si vous voulez y reconnoître une différence, elle ne peut consister qu'en ce que l'enfant connoît que son organe est affecté, au lieu que la chambre obscure ne peut connoître l'effet que le verre lenticulaire, ou le trou par lequel entre la lumière, occasionne sur la toile dont elle est tendue. Mais encore une fois cette connoissance est si étrangère à l'effet de l'œil ou du trou de la chambre obscure, que cet effet peut subsister tout entier sans qu'il en résulte aucune connoissance : donc cette connoissance n'entre pas par l'œil : donc ou l'enfant n'a pas plus de connoissance de ce qui se passe dans son œil, que la chambre obscure des images qui se peignent dans son intérieur ; ou si l'enfant a quelque connoissance à cet égard, elle lui vient d'autre part que de son œil. Mais comme il en est de même des autres organes, il s'ensuit évidemment qu'aucune connoissance n'entre en nous par ces canaux. Ainsi dès que nous supposons vous & moi que cet enfant n'a encore aucune connoissance, il faut que vous conveniez, malgré vous, qu'en le réduisant au seul moyen que vous reconnoissez, que

Cet enfant n'ayant le reste de sa vie que de semblables moyens ne parviendra jamais à avoir pas même la moindre connoissance.

En vain me diriez-vous que cet enfant ayant en lui la faculté de connoître, cette faculté se développe à mesure que les sens lui fournissent des idées : car je vous répondrois que vous avez, sans doute, oublié que *des expressions ambigues qui n'ont point de sens*, ne sont pas des raisons recevables. Dites-moi, je vous prie, ce que c'est que cette faculté ? ce qu'elle est avant que les sens lui ayent fourni des idées ? en quoi elle subsiste ? Quand vous aurez répondu à ces questions, vous ne serez pas encore au bout : car je vous demanderai ensuite quelles sont les idées que les sens fournissent. Ne venez-vous pas de voir qu'ils ne peuvent absolument en produire aucune, à moins que vous n'appelliez idées les images peintes sur la toile de la chambre obscure ? Ces sens sont les organes corporels. Or ils ne peuvent produire que des mouvemens. Des mouvemens sont-ils des idées ? Ces mouvemens, répondez-vous, sont les causes des sensations. Sans ces mouvemens l'homme ne sentiroit point. Or en dernière analyse toutes les pensées de l'homme sont des sensations : donc les sensations produisent toutes nos connoissances ; les mouvemens des organes corporels produisent les sensations : donc les sens corporels produisent toutes nos pensées. Ainsi, continuez vous, cet enfant commence à avoir les organes corporels frappés & mis en mouvement : ces mouvemens lui causent des sensations ; & ensuite ces sensations deviennent des pensées. Donc tout dans l'homme se réduit à sentir ; & l'enfant qui n'a point encore senti, n'a aucune connoissance.

Avez-vous tout dit ? Voyons ce que cela peut avoir de solide.

Les mouvemens produisent les sensations. Comment cela ? les produisent-ils nécessairement ? En ce cas la chambre obscure, le tambour, &c. &c. &c. ont des sensations. Ils ne les produisent apparamment que dans les animaux (selon votre doctrine) & sur-tout dans l'homme. Mais pourquoi cette différence ? Est-ce parce que l'homme est doué d'organes dont les mouvemens sont essentiellement différens du mouvement des autres corps ? C'est, sans doute, une différence essentielle, que celle de produire ou de ne pas produire des sensations. Comment feriez-vous pour prouver cette différence ? Si vous dites que c'est parce que l'homme a une ame, & que les autres corps n'en ont point, vous avez perdu toute votre peine : car je vous demanderai comment le corps peut produire les sensations de l'ame ? Sera-t-il bien-aisé de répondre à cette question ? Vous serez forcé de convenir que ces mouvemens sont des occasions à l'ame pour sentir, mais qu'ils ne peuvent produire les sensations elles-mêmes; dès-lors notre dispute est terminée. Jamais on ne vous a nié que les mouvemens du corps fussent des occasions à l'ame pour sentir. Quel est le Philosophe, qui prétend qu'on peut dans l'ordre naturel brûler un homme sans qu'il éprouve de la douleur ? Les mouvemens du corps seront donc des occasions, & même, si vous le voulez, des occasions nécessaires : mais *par quelle règle de Logique* avez-vous conclu que toutes nos connoissances sont des effets de ces mouvemens ? Tout votre embarras ne vient que de ce que vous ne savez pas bien distinguer ce qui appartient au corps de ce qui appartient à l'ame. Vous pouvez consulter à ce sujet le Chapitre suivant. Il me suffit ici que vous conveniez que ce qui se passe dans l'ame de l'enfant, lorsque les organes de son corps sont en mouvement, est différent de ce mouvement lui-même : car dès lors vous convenez d'un principe qui suffit pour renverser tout ce que vous dites ici ; & voici comment.

Lorsqu'un enfant commence à faire usage de ses organes, ce n'est rien autre chose, si ce n'est qu'il commence à éprouver les impressions que le mouvevent de ses organes font sur lui. Il commence donc à éxercer sa pensée à ces objets : mais s'ensuit-il que cette pensée n'ait pas encore été employée à quelque autre usage ? Quelle est cette pensée que l'enfant trouve en lui-même au moment où le premier mouvement de ses organes lui fait connoître la première impression de son corps ? Vous convenez qu'elle est différente de ce mouvement, c'est convenir qu'elle éxistoit cette pensée avant ce mouvement. Je dis que c'est convenir qu'elle éxistoit avant, & cela est bien clair ; il faudroit, pour le nier, que vous soûtinssiez de deux choses l'une, ou qu'elle est entrée dans l'enfant dans l'instant du mouvement, ou qu'elle y est entrée après. Mais le dernier est absurde, puisque ce seroit prétendre que l'enfant n'a pas senti une sensation qu'il a éprouvée : reste donc à dire qu'elle y est entrée dans le moment du mouvement. Je voudrois bien savoir s'il y auroit un seul de vos Disciples en état de nous faire voir comment ce qui sent dans l'enfant est entré dans le moment où il a senti, je dis même la première fois. Je conviens, direz-vous, que l'esprit subsistoit avant cette première sensation ; puisque j'ai dit que *les sens remplissent notre esprit d'idées qu'il n'avoit pas*. Je vous ai déja démandé, je crois, où les sens prenoient ces idées dont ils remplissent l'esprit : mais ici ne faisons attention qu'à votre aveu. Quand l'enfant éprouve la première sensation, il a donc un esprit : & cet esprit, selon vous, est privé de toute connoissance. Je ne sais pas si vous trouvez cela fort raisonnable, pour moi il me paroît extravagant. Ce qui n'a aucune connoissance, est un néant d'esprit. L'essence de l'esprit consiste à connoître. Que l'esprit d'un enfant n'ait pas des connoissances aussi étendues que celles qu'avoit Pascal, Arnaud & les grands hommes de cette classe, c'est ce qu'on ne vous dispute pas ; car on est raisonnable : mais que cet esprit ne connoisse absolument rien, c'est ce qu'on vous nie par la même raison.

3°. *Ensuite il vient à se représenter d'autres idées qu'il abstrait de celles-là, & il apprend l'usage des noms généraux. De cette manière l'esprit prépare des matériaux d'idées & de paroles, sur lesquels il exerce sa faculté de raisonner, &c.*

A vous entendre, rien n'est plus simple que de faire voir comment, par les sens, les hommes acquierent toutes les connoissances. Cependant, n'en déplaise à vos Admirateurs, savez-vous bien qu'il n'y pas un mot d'intelligible dans tout ce que vous nous débitez ici avec cet air de confiance qui ne vous quitte pas ?

D'abord les sens nous remplissent d'idées : & comment cela, c'est ce que vous ne savez pas. Il y a plus ; c'est que personne ne le conçoit : mais ce n'est pas pour vous une difficulté. Ensuite nous nous représentons d'autres idées: où les avons-nous prises ? Question apparemment inutile ; vous ne voulez pas entrer dans cette discussion ; seulement vous nous dites que notre esprit les abstrait des autres. Il est devenu bien actif, cet esprit qui un moment auparavant étoit dans une léthargie totale.

J'avois cru jusqu'à l'heure qu'il est, qu'une *idée* n'étoit pas susceptible d'être composée *de matériaux* : mais puisque vous m'enseignez ici le contraire, je vois bien pourquoi vos Disciples les Encyclopédistes veulent que nous refassions nos idées : c'est qu'ils ont appris de vous qu'elles étoient composées *de matériaux que l'esprit avoit préparés* en travaillant *sur celles dont les sens l'avoient rempli, & sur celles qu'il s'étoit représentées & qu'il avoit abstraites de celles-là.* N'est-ce pas là ce que vous dites ?

4°. *Avant qu'un enfant sache parler, il connoît aussi certainement la différence qu'il a y entre les idées du doux & de l'amer, c'est-à-dire, que le doux n'est pas l'amer, qu'il sait dans la suite, quand il vient à parler, que l'absynthe & les dragées ne sont pas la même chose.* Je n'ai garde de vous dédire : je conviens que cela est vrai. Mais seriez-vous aussi homme à convenir avec moi que cet enfant sait qu'une chose n'est pas une autre, quand elle en est différente ? Je crois pour moi qu'il faut qu'il ait cette connoissance, pour porter sûrement le jugement que vous lui faites faire. Je sais bien que cet enfant n'en formera pas une maxime générale ; mais il aura cette connoissance indépendamment de cette manière de la considérer. Vous voyez que nous nous trouvons d'accord si-tôt que vous voulez bien dire quelque chose de raisonnable.

Je vous fais grace du reste de ce Paragraphe, d'autant plus volontiers que vous n'y dites rien qui n'ait été déja plusieurs fois détruit : mais je ne puis me dispenser de vous dire un mot sur le suivant.

1°. Vous venez, dans le moment, de nous dire qu'un enfant connoissoit la différence qu'il y a entre l'absynthe & les dragées avant que de savoir comment on les appelle, & ici vous ne le voulez plus. Est-ce qu'il y auroit plus de difficulté à juger de l'égalité des choses que de leur différence ? Pour la différence vous faites juger un enfant avant

qu'il

qu'il parle, avant qu'il sache ce mot là *différence*, & vous voulez néanmoins, dans la phrase d'après, que ce même enfant sache comment on nomme l'idée de l'égalité; afin qu'il puisse juger qu'une chose est égale à une autre. Mais vous n'y regardez pas de si près: en voici encore une bonne preuve.

2°. *Un enfant connoît la vérité de cette proposition, Trois & quatre sont égaux à sept, sur les mêmes fondemens & de la même manière qu'il savoit auparavant que la verge & la cérise ne sont pas la même chose, & qu'il saura dans la suite qu'il est impossible qu'une chose soit & ne soit pas en même temps.*

Je suis très-persuadé que si vous aviez bien fait attention à ceci, vous vous seriez dispensé de l'écrire. Oui, Monsieur, c'est sur le même fondement que l'enfant prononce ces trois différens jugemens: mais quel est-il ce fondement? C'est ce que vous ne dites pas. Le voici: Si vous mettez devant un enfant sept boules d'un côté, & trois & quatre de l'autre, il prononcera à la seule vue attentive, que trois & quatre sont égaux à sept, sans même savoir ce que signifie ni sept, ni quatre, ni trois. Mais il prononce intérieurement cette égalité ; parce qu'il a connoissance du principe que vous vous efforcez de combattre, & qu'il applique en cette rencontre de cette manière. Ces choses étant égales, elles ne sont pas différentes. Vous êtes le maître de l'exprimer en maxime philosophique en disant, *Ce qui est, est* ; ou bien, *Il est impossible qu'une chose soit & ne soit pas en même temps* ; mais ce sera toujours le même principe, & celui qui servira de règle, de fondement commun à tous les jugemens particuliers de cette espèce. Convenez-en donc une bonne fois, & cela vous épargnera bien des paroles inutiles.

Voilà donc ce que vous aviez à nous proposer pour faire valoir vos raisons contre les principes innés : ce que vous voulez nous enseigner n'étant ni clair, ni prouvé, continuons à discuter le reste de vos objections, & voyons enfin si vous en proposerez quelqu'une qui les attaque.

Article VIII.

Neuvième raison de Locke.

Texte de l'Auteur.

« De ce qu'on reçoit ces maximes dès
» qu'elles sont proposées & conçues (1),
» il ne s'ensuit pas qu'elles soient in-
» nées. La raison qu'on tire du consen-
» tement général pour faire voir qu'il
» y a des vérités innées, ne pouvant
» point servir à le prouver, & ne met-
» tant aucune différence entre les vérités
» qu'on suppose innées, & plusieurs au-
» tres dont on acquiert la connoissance
» dans la suite ; cette raison, dis-je,
» venant à manquer, les défenseurs de
» cette hypothèse ont prétendu conser-
» ver aux maximes qu'ils nomment in-
» nées, le privilège d'être reçues d'un
» consentement général, en soutenant
» que, dès que ces maximes sont pro-
» posées, & qu'on entend la significa-
» tion des termes qui servent à les expri-
» mer, on les adopte sans peine. Voyant,
» dis-je, que tous les hommes, & mê-

(1) Tome 1, page 41.

» me les enfans, donnent leur confen-
» tement à ces propofitions, auffi-tôt
» qu'ils entendent & comprennent les
» mots dont on fe fert pour les expri-
» mer, ils s'imaginent que cela fuffit
» pour prouver que ces propofitions font
» innées. Comme les hommes ne man-
» quent jamais de les reconnoître pour
» des vérités indubitables, dès qu'ils
» en ont compris les termes, les défen-
» feurs des idées innées voudroient con-
» clure de là, qu'il eft évident que
» ces propofitions étoient auparavant
» imprimées dans l'entendement; puif-
» qu'à la première ouverture qui en eft
» faite à l'efprit, il les comprend fans
» que perfonne les lui enfeigne, & y
» donne fon confentement fans jamais
» les révoquer en doute. «

Reponse.

Voilà une objection des défenfeurs des idées innées tournée à la façon de Locke. Tout ce long fatras fe réduit à dire en deux mots: *Dès qu'on n'a pas befoin d'apprendre ces principes, & que cependant tout le monde les fait, il fuit qu'ils font innés.* Cette difficulté n'eft point simulée, elle est réelle ; & si Locke vient à la résoudre, j'avouerai qu'au moins il a répondu à une des preuves des idées innées. Nous disons donc que si-tôt que nous pouvons nous faire entendre à un homme de quelqu'âge & de quelque pays qu'il soit, si nous lui demandons, si *ce qui est*, *est* ; il répondra *oui* sur le champ, quoiqu'il n'y ait eu personne qui le lui ait appris, & sans qu'il puisse se souvenir qu'il y a eu un temps de sa vie dans lequel il ne savoit pas qu'une chose est, quand elle est. Voilà ce que Locke veut démentir. Nous allons écouter les motifs de sa négation.

Texte de l'Auteur.

« (1) Ce consentement prouveroit
« que ces propositions *Un & deux sont*
« *égaux à trois, le doux n'est pas l'amer*,
« & mille autres semblables, seroient
« innées. »

Voilà ce que vous proposez pour répondre à l'objection que nous venons de voir. Nous allons écouter les moyens que vous apportez pour le soûtenir.

(1) Tome 1. page 42.

» (1) Pour répondre à cette difficulté, je demande à ceux qui défendent de la sorte les idées *innées*, si ce consentement que l'on donne à une proposition, dès qu'on l'a entendue, est un caractère certain d'un principe *inné*. S'ils disent que non, c'est en vain qu'ils emploient cette preuve : & s'ils répondent qu'oui, ils seront obligés de reconnoître pour *principes innés* toutes les propositions dont on reconnoît la vérité, dès qu'on les entend prononcer, c'est-à-dire, un très-grand nombre. Car s'ils posent une fois que les vérités, qu'on reçoit, dès qu'on les entend dire, & qu'on les comprend, doivent passer pour autant de principes *innés*, il faut qu'ils reconnoissent en même temps que plusieurs propositions qui regardent les nombres sont *innées* ; comme celle-ci, *Un & deux sont égaux à trois : deux & deux sont égaux à quatre*, & quantité d'autres semblables propositions d'Arithmétique, que chacun reçoit dès qu'il les entend dire, & qu'il comprend les termes dont on se sert pour les exprimer. Et ce n'est pas là un

_____
(1) Ibidem.

» privilége attaché aux nombres & aux
» différens axiomes qu'on en peut com-
» poser : on rencontre aussi dans la
» Physique, & dans toutes les autres
» sciences, des propositions auxquelles
» on acquiesce infailliblement dès qu'on
» les entend. Par exemple, cette propo-
» sition, *Deux corps ne peuvent pas être*
» *dans un même lieu à la fois*, est une
» vérité dont on n'est pas autrement
» persuadé que des maximes suivantes :
» *Il est impossible qu'une chose soit &*
» *ne soit pas en même temps : le blanc*
» *n'est pas le rouge : un quarré n'est*
» *pas un cercle : la couleur jaune n'est*
» *pas la douceur.* Ces propositions, dis-
» je, & un million d'autres semblables,
» ou du moins toutes celles dont nous
» avons des idées distinctes, sont du
» nombre de celles que tout homme de
» bon sens & qui entend les termes
» dont on se sert pour les exprimer,
» doit recevoir nécessairement, dès
» qu'il les entend prononcer. Si donc les
» partisans des *idées innées* veulent s'en
» tenir à leur propre règle, & poser pour
» marque d'une vérité innée, *le consen-*
» *tement qu'on lui donne, dès qu'on l'en-*
» *tend, & qu'on comprend les termes*

» qu'on emploie pour l'exprimer, ils
» feront obligés de reconnoître qu'il y
» a non-feulement autant de propofi-
» tions *innées* que d'idées diftinctes dans
» l'efprit des hommes, mais même au-
» tant que les hommes peuvent faire de
» propofitions, dont les idées différen-
» tes font niées l'une de l'autre ; car
» chaque propofition qui eft compofée
» de deux différentes idées dont l'une
» eft niée de l'autre, fera auffi certai-
» nement reçue comme indubitable,
» dès qu'on l'entendra pour la premiè-
» re fois, & qu'on en comprendra les
» termes, que cette maxime générale,
» *Il eft impoffible qu'une chofe foit &*
» *ne foit pas en même temps* ; ou que
» celle-ci, qui en eft le fondement, &
» qui eft encore plus aifée à entendre.
» *Ce qui eft la même chofe, n'eft pas*
» *différent* ; & à ce compte il faudra
» qu'ils reçoivent pour vérités *innées*
» un nombre infini de propofitions de
» cette feule efpèce fans parler des au-
» tres : Ajoûtez à cela, qu'un propofi-
» tion ne pouvant être *innée*, à moins
» que les idées dont elle eft compofée
» ne le foient auffi, il faudra fuppofer
» que toutes les idées que nous avons

» des couleurs, des sons, des goûts, des
» figures, &c. sont *innées*; ce qui seroit
» la chose du monde la plus contraire
» à la raison, & à l'expérience. Le con-
» sentement qu'on donne sans peine à
» une proposition dès qu'on l'entend
» prononcer, & qu'on en comprend les
» termes, est sans doute une marque
» que cette proposition est évidente par
» elle-même. Mais cette évidence qui
» ne dépend d'aucune impression innée,
» mais de quelqu'autre chose, comme
» nous le ferons voir dans la suite,
» appartient à plusieurs propositions qu'il
» seroit absurde de regarder comme des
» vérités innées, & que personne ne s'est
» encore avisé de faire passer pour
» telles. «

RÉPONSE.

Ce que vous venez de nous dire, est peut-être ce qu'il y a, dans tout votre Ouvrage, de plus spécieux contre les principes innés. C'est la première fois que vous les attaquez au moins avec apparence de fondement. Mais songez aussi que, cette difficulté résolue, tout votre premier Livre est détruit. N'allez pas cependant en conclure qu'il soit fort difficile de vous répondre : jugez vous-même combien cela est aisé. J'ai deux moyens généraux qui, quoique contradictoires, produisent néanmoins le même effet. Je puis vous nier, ou vous accorder votre assertion, à mon choix, en faisant la distinction de ce qu'il vous a plu de confondre.

1°. Il est faux que ces deux jugemens, *Un & deux sont égaux à trois*, & *le doux n'est pas l'amer*, soient la même chose eu égard à la connoissance que nous en avons. Il y a plusieurs raisons de différence que je vais vous exposer.

Il est évident que tous ceux qui prononcent ce jugement, *Un & deux sont égaux à trois*, ont éxactement les mêmes idées de *un*, de *deux* & de *trois*. Il est impossible d'avoir de chacun de ces trois nombres des idées différentes.

Mais il n'en est pas ainsi de ce jugement, *Le doux n'est pas l'amer*. Il peut se faire que de tous ceux qui prononcent ce jugement, il n'y en ait pas deux en qui *doux* fait éxactement la même chose, non plus qu'*amer*. Première différence entre ces deux jugemens.

Une seconde différence c'est que *un*, *deux* & *trois* sont des idées, & que *doux* & *amer* sont des sensations. Ainsi jamais on ne pourra prononcer que la sensation *doux* est différente de la sensation *amer*, qu'on n'ait éprouvé ces deux sensations.

Vous savez très-bien que tous les Métaphysiciens conviennent que les connoissances qui concernent les qualités sensibles des corps, ne sont pas innées. Tout le monde sait qu'un aveugle de naissance n'a aucune idée des couleurs, c'est-à-dire, qu'il ne sait pas quels sont les effets que les corps font sur l'organe de la vuë dont il est privé. De même un sourd de naissance ne connoît pas les sons. Et celui qui, dès qu'il éxiste, seroit privé du sens de l'odorat, n'auroit non plus aucune connoissance sur les odeurs. Pour prononcer donc ces jugemens, *Le blanc n'est pas le rouge : un quarré n'est pas un cercle : la couleur jaune n'est pas la douceur : le doux n'est pas l'amer ;* il faut avoir *senti* & éprouvé les impressions que font sur nos organes les corps qui possédent ces qualités sensibles. (Voyez le Chapitre suivant.)

Je vous fais présentement une supposition. S'il se trouvoit un homme dont l'organisation fût telle que les corps *amers* produisissent chez lui le même effet que les corps *doux*, n'est-il pas certain qu'il ne conviendroit pas de la vérité de cette proposition, *Le doux n'est pas l'amer ?* Il ne trouveroit aucune différence entre ces deux qualités sensibles, ou plutôt ils n'en formeroient qu'une pour lui.

Pourriez-vous me montrer la même chose à l'égard de ce jugement, *Un & deux sont égaux à trois* ? Non, sans doute. Tous ceux qui le prononcent, le disent dans le même sens. Il ne peut y avoir absolument aucune différence. *Un* est toujours & dans tous les esprits le même : *deux*, *trois* le sont aussi.

Mais que faut-il pour en venir à la connoissance nécessaire pour former ce jugement ? Il ne faut rien autre chose qu'être intelligent, être pensant. Je soutiens qu'un esprit, si-tôt qu'il éxiste, a la connoissance de son éxistence : que cette connoissance suffit pour lui donner l'idée de *un*. Comme les pensées de tout esprit fini sont successives, cela suffit pour lui donner l'idée de *pluralité*. Or l'idée de l'unité & celle de la *pluralité* renferment tous les nombres possibles. Donc il suffit d'être intelligent pour prononcer tout jugement possible sur les nombres.

Après avoir fait cette distinction, répondons à vos raisons.

1°. Il est vrai que si-tôt que l'on peut comprendre ce que signifient les termes des propositions dont vous parlez, on les reçoit comme vraies & comme évidentes. Mais je vous nie que toutes ces propositions soient la même chose, par rapport à notre connoissance, que les principes innés. Voici la différence qu'il y a, & tout le monde est à portée de la sentir. Je prends pour exemple ces deux jugemens, *Ce qui est la même chose ne peut être différent; & le doux n'est pas l'amer.* Je dis que ces deux jugemens différent en ce que le second est la conséquence du premier. Celui qui nieroit le premier, devroit aussi nier le second : mais le premier étant admis, on ne peut absolument nier l'autre.

On peut connoître le premier, & ne pas connoître l'autre. Celui qui n'auroit aucun goût, n'ignoreroit pas pour cela que ce qui est la même chose ne peut être différent. Ces deux jugemens néanmoins sont le même à un autre égard. *Etre doux, & être amer*, c'est être différent ; & c'est pourquoi on nie de *doux* qu'il soit *amer*.

Quoique le second jugement ne soit qu'une conséquence du premier, cette conséquence est tellement rapprochée qu'on ne peut la méconnoître, si-tôt que l'on connoît le principe. C'est pourquoi tous les jugemens que l'on pourroit proposer dans cette espèce, seroient des conséquences que l'on ne peut ignorer en connoissant le principe général qui leur sert de preuve. Or ce principe général, *Il est impossible qu'une chose soit & ne soit pas en même temps ;* ou bien en d'autres termes, *Ce qui est, est* ; ou bien encore, *Ce qui est la même chose ne peut être différent :* ce principe général, dis-je, étant connu, il est impossible que l'on ignore que *le doux n'est pas l'amer, qu'un quarré n'est pas un cercle, que le jaune n'est pas le blanc*, &c. &c. &c. si-tôt que l'on sait ce que c'est qu'être doux, être amer, être quarré, être cercle, être jaune, être blanc, &c. &c. &c. Mais ces dernières connoissances ont besoin d'être acquises avant que l'on puisse décider de la vérité de cette seconde espèce de jugement, qui n'arrêtent plus ensuite ; parce qu'on a toujours dans l'esprit le principe qui nous en fait appercevoir évidemment la vérité.

Tout ce que vous dites donc pour prouver que l'on connoît tout-d'un-coup la vérité des propositions dont vous parlez, & que l'on convient n'être pas innées, ne peut absolument détruire ce que l'on vous soûtient. D'où il suit que ce que vous avez dit de plus fort contre les principes innés, n'a aucune solidité. Mais vous avez encore une difficulté à me faire là-dessus, écoutons-la.

Texte de l'Auteur.

» (1) Et qu'on ne dise pas que ces
» propositions particulières & évidentes
» par elles-mêmes, dont on reconnoît la
» vérité dès qu'on les entend pronon-
» cer, comme qu'*un & deux sont égaux*
» *à trois*, que *le verd n'est pas le rou-*
» *ge*, &c. sont reçues comme des con-
» séquences de ces autres propositions
» plus générales qu'on regarde comme

(1) Tome 1. page 46.

» autant de principes innés : car tous
» ceux qui prendront la peine de réflé-
» chir sur ce qui se passe dans l'enten-
» dement, lorsqu'on commence à en
» faire quelque usage, trouveront in-
» failliblement que ces propositions par-
» ticulières ou moins générales sont
» reconnues & reçues comme des véri-
» tés indubitables, par des personnes
» qui n'ont aucune connoissance de ces
» maximes générales ; d'où il suit évi-
» demment que, puisque ces proposi-
» tions particulières se rencontrent dans
» leur esprit plutôt que ces maximes
» qu'on nomme *premiers principes*,
» ils ne pourroient recevoir ces propo-
» sitions particulières, comme ils font,
» dès qu'ils les entendent prononcer
» pour la première fois, s'il étoit vrai
» que ce ne fussent que des conséquen-
» ces de ces premiers principes. «

REPONSE.

Enfin nous en voilà venu au point. Votre dispute commence à avoir une suite : mais que je crains que cela ne dure guères. Vous vous avisez un peu tard de raisonner à ce sujet. Vous me niez donc que les propositions dont il est question, soient des conséquences des autres principes que j'appelle *innés* ; c'est ce qu'il s'agit d'éxaminer.

1°. *Tous ceux qui prendront la peine de réfléchir* sur la manière dont vous répondez aux objections que l'on vous fait, & aux principes que l'on vous oppose, *trouveront infailliblement* que rien n'est plus ridicule que cette méthode. Quoi ! vous croyez qu'il suffit de nier tout simplement une proposition, pour la détruire ? En ce cas je n'ai qu'à m'en tenir à vous nier toutes les vôtres pour renverser votre Ouvrage.

2°. Vous croyez donc que pour découvrir si une proposition est une conséquence d'une autre proposition, il faut se rappeller le temps, la manière, & l'ordre dans lesquels on a commencé à connoître ces propositions ? Mais cette voie est assez difficile à suivre : car comment se rappeller toutes ces choses ? C'est encore bien pis s'il faut remonter jusqu'au moment *où l'on commence à faire quelqu'usage de son entendement.* Cependant c'est uniquement sur ces découvertes que feront ceux qui réfléchiront sur ce premier moment, que vous vous fondez, pour nier que les propositions dont nous avons parlé ci-devant soient des conséquences des principes innés. En sorte que si l'on ne vient pas à faire ces découvertes, il faut que vous conveniez que vous n'avez aucune raison pour nier ce que l'on vous soûtient. Mais comme je suis très-persuadé qu'il n'y a personne dans le monde qui se ressouvienne de la premiere connoissance qui a éxercé son entendement, je vous nie toutes les conséquences que vous tirez d'avance ; & c'est un droit que vous ne pouvez absolument me contester.

3°. Par ces mots : *Ces propositions particulières ou moins générales sont reconnues & reçues comme des verités indubitables par des personnes qui n'ont aucune connoissance de ces maximes plus générales.* Par ces mots, dis-je, vous ne pouvez entendre que ceci : Des personnes qui ne savent pas que *ce qui est différent n'est pas la même chose*, qui ignorent absolument *qu'une chose est ce qu'elle est*, peuvent prononcer que *le verd n'est pas le rouge*. Si vous pouvez trouver quelque moyen pour le faire croire, je vous regarderai en effet comme le créateur de ces moyens ; car je suis très-assuré qu'ils n'éxistent pas encore.

4°. Quoi que vous en puissiez dire, il faut absolument savoir que le verd ne peut être rouge étant verd, avant que de prononcer que *le verd n'est pas le rouge*. Il faut convenir qu'une chose est quand elle est, & qu'elle est ce qu'elle est avant que de convenir de toutes les propositions que vous prétendez que l'on connoît avant les principes innés ; c'est-à-dire, qu'il faut absolument, malgré tous vos efforts, avouer qu'il y a des connoissances dont on ne peut marquer l'origine, & que par conséquent elles sont innées. Continuez à nous dire vos raisons. Je vous suis.

Texte de l'Auteur.

» (1) Si l'on réplique que ces propo-
» sitions : *Deux & deux sont égaux à*
» *quatre, le rouge n'est pas le bleu*, &c.
» ne sont pas des maximes générales,
» & dont on puisse faire un fort grand
» usage ; je réponds que cette instance ne
» touche en aucune manière l'argument
» qu'on veut tirer du consentement uni-

(1) Tome 1. page 47.

» verfel qu'on donne à une propofition
» dès qu'on l'entend dire, & qu'on en
» comprend le fens. Car fi ce confente-
» ment eft une marque affurée d'une
» propofition innée, toute propofition
» qui eft généralement reçue dès qu'on
» l'entend dire & qu'on la comprend,
» doit paffer pour une propofition innée,
» tout auffi-bien que cette maxime, *Il*
» *eft impoffible qu'une chofe foit & ne*
» *foit pas en même temps*, puifqu'à
» cet égard elles font dans une parfaite
» égalité. Quant à ce que cette dernière
» maxime eft plus générale, tant s'en
» faut que cela la rende plus *innée*,
» qu'au contraire c'eft pour cela même
» qu'elle eft plus éloignée de l'être. Car
» les idées générales & abftraites étant
» d'abord plus étrangères à notre efprit
» que les idées des propofitions particu-
» lières qui font évidentes par elles-
» mêmes, elles entrent par conféquent
» plus tard dans notre efprit qui com-
» mence à fe former. Et pour ce qui
» eft de l'utilité de ces maximes tant
» vantées, on verra peut-être qu'elle
» n'eft pas fi confidérable qu'on fe l'ima-
» gine ordinairement, lorfque nous éxa-
» minerons plus particulièrement en fon

» lieu quel est le fruit qu'on peut re-
».cueillir de ces maximes. «

R E P O N S E.

1°. Vous avez vu par la réponse que je vous ai faite ci-devant, qu'on ne *réplique* pas comme vous voulez le faire entendre ici. Peu importe à la question présente de savoir si l'on peut ou non faire beaucoup d'usage de ces deux propositions & de toutes celles de la même espèce. La difficulté consiste à savoir si un homme peut affirmer que *le rouge n'est pas le verd*, en ignorant si une chose peut être & ne pas être en même temps; & si ce n'est pas parce que cet homme sait qu'une chose est quand elle est, qu'il juge que *le rouge est rouge, & non pas verd*. Pourquoi voulez-vous sortir de la question ? vous ne faites que d'y entrer, & souvenez-vous combien vous avez eu de peine à y venir.

2°. Ce n'est pas seulement le consentement universel qu'on donne à un principe dès qu'il nous est proposé, qui fait que l'on soûtient que ce principe est inné; c'est parce qu'on prétend qu'il y a des principes que tous les hommes connoissent, sans que personne puisse dire qu'il l'ait appris, & qu'il y ait eu un temps où il l'ignoroit. Je vous ai déja assez expliqué toute cette matière. S'il vous plaît de l'embrouiller toujours, je ne puis moi, sans fatiguer nos Lecteurs, répéter cent fois la même chose.

En deux mots il y a, à cet égard, cette différence entre toutes les propositions auxquelles vous voulez donner les mêmes prérogatives qu'aux principes innés; il y a, dis-je, entre ces propositions & les principes innés cette différence, que sans la connoissance de ceux-ci on ne pourroit prononcer sur celles-là. Pourriez-vous n'en pas convenir? Tout votre Paragraphe porte donc à faux. Mais il y a quelques expressions qui méritent d'être relevées.

1°. Vous dites que *les idées générales & abstraites étant d'abord plus étrangères à notre esprit que les idées des propositions particulières qui sont évidentes par elles-mêmes, elles entrent par conséquent plus tard dans notre esprit qui commence à se former.* Voilà qui a besoin d'une bonne explication: serez-vous content de celle-ci?

1°. Qu'entendez-vous d'abord par ces

idées générales & abstraites que vous soûtenez être plus étrangères à notre esprit que les idées des propositions particulières ? Mettez-vous de ce nombre d'idées étrangères à notre esprit, celles qui sont nécessaires pour former les jugemens dont nous avons tant parlé, & que je vous ai montrés dans l'homme avant toute acquisition ? Si vous les comprenez, ce que vous dites ici ayant déja été renversé plusieurs fois ne mérite aucune discussion. Si vous ne les y comprenez pas, ce que vous dites ici est inutile, & ne tombe pas sur ces principes.

2°. S'il faut nécessairement que j'admette ce principe, *Ce qui est, est*, pour convenir de la vérité de celui-ci, *Ce qui est verd est verd, & non pas bleu*; ou bien celui-ci, qui est le même, *Le verd n'est pas bleu*, n'êtes-vous pas dans la nécessité de convenir que tout ce que vous dites ici est pleinement inutile, & ne peut servir en aucune manière contre des principes sans lesquels il nous seroit impossible de former aucun jugement.

3°. Vous tombez toujours dans la même faute, qui est de conclure, sans preuve, votre propre prétention. Que nous promettez-vous ici ? Le voici. *De telles propositions moins générales sont plutôt connues que les maximes univer-selles qu'on veut faire passer pour innées.* Voilà ce que vous entreprenez de prouver dans le Paragraphe que j'éxamine ; & votre preuve consiste à dire : Les idées de ces maximes universelles entrent plus tard dans notre esprit que celles des propositions particulières. Mais ne voyez-vous pas que c'est dire la même chose sous deux expressions différentes ; qu'ainsi ceux qui vous disputent la première, ne vous passeront pas davantage la seconde ? Voyez pour l'éclaircissement de toute cette question le Chapitre suivant.

Article IX.

Douzième & treizième raisons de Locke.

CE qui prouve, (1) dites-vous, *que les propositions qu'on appelle innées ne le sont pas, c'est qu'elles ne sont connues qu'après qu'on les a proposées.*

Vous allez donc en imposer encore une fois à vos Lecteurs, en leur faisant

(1) Tome 1. page 48.

entendre

entendre que ce que vous soûtenez ici est convenu par vos Adversaires : mais afin que l'on sache à quoi s'en tenir, j'avertis d'avance que tant s'en faut que l'on vous accorde que ces principes ne sont connus qu'après qu'ils ont été proposés, qu'au contraire on soûtient qu'ils sont connus par ceux mêmes qui n'en ont jamais entendu parler. Vous pouvez présentement exposer votre prétendue preuve, sans que je craigne qu'elle puisse en aucune façon toucher aux principes que vous voulez combattre. Je me dispenserois même aisément de citer ici vos paroles, si je ne m'étois proposé de faire connoître à vos Disciples, d'une manière nécessaire, que toutes vos objections contre les principes innés ne sont que des illusions, & qu'il est impossible de rien leur opposer de solide. Avec cela, c'est qu'il vous arrive presque toujours de donner des armes contre vous-même ; & je crois que le Paragraphe que je vais citer en contient d'assez fortes.

Texte de l'Auteur.

„ (1) Il reste encore une chose à
(1) Ibidem.

» remarquer sur le consentement qu'on
» donne à certaines propositions, dès
» qu'on les entend prononcer & qu'on
» en comprend le sens; c'est que bien
» loin que ce consentement fasse voir
» que ces propositions soient innées, c'est
» justement une preuve du contraire : car
» cela suppose que des gens, qui sont
» instruits de diverses choses, ignorent
» ces principes jusqu'à ce qu'on les leur
» ait proposés, & que personne ne le
» connoît avant que d'en avoir oui par-
» ler. Or si ces vérités étoient innées,
» quelle nécessité y auroit-il de les pro-
» poser pour les faire recevoir ? Car
» étant déja gravées dans l'entendement
» par une impression naturelle & ori-
» ginale (supposé qu'il y eût une telle
» impression, comme on le prétend)
» elles ne pourroient qu'être déja con-
» nues. Dira-t-on qu'en les proposant
» on les imprime plus nettement dans
» l'esprit que la nature n'avoit su faire?
» Mais si cela est, il s'ensuivra de là
» qu'un homme connoît mieux ces vé-
» rités après qu'on les lui a enseignées,
» qu'il ne faisoit auparavant. D'où il
» faudra conclure que nous pouvons
» connoître ces principes d'une manière

» plus évidente lorsqu'ils nous sont ex-
» posés par d'autres hommes, que lors-
» que la nature seule les a imprimés
» dans notre esprit : ce qui s'accorde
» fort mal avec ce qu'on dit qu'il y a
» des principes *innés*, rien n'étant plus
» propre à en affoiblir l'autorité : car
» dès là ces principes deviennent in-
» capables de servir de fondement à
» toutes nos autres connoissances, quoi
» qu'en veulent dire les partisans des
» *idées innées*, qui leur attribuent cette
» prérogative. A la vérité l'on ne peut
» nier que les hommes ne connoissent
» plusieurs de ces vérités, évidentes par
» elles-mêmes, dès qu'elles leur sont
» proposées : mais il n'est pas moins
» évident que tout homme à qui cela
» arrive, est convaincu en lui-même
» que dans ce même temps il commen-
» ce à connoître une proposition qu'il
» ne connoissoit pas auparavant, & qu'il
» ne révoque plus en doute dès ce mo-
» ment. Du reste, s'il y acquiesce si
» promptement, ce n'est pas à cause que
» cette proposition étoit gravée naturel-
» lement dans son esprit, mais parce que
» la considération même de la nature
» des choses exprimées par les paroles

» que ces sortes de propositions renfer-
» ment, ne lui permet pas d'en juger
» autrement, de quelque manière & en
» quelque temps qu'il vienne à y ré-
» fléchir. Que si l'on doit regarder com-
» me un principe *inné* chaque propo-
» sition à laquelle on donne son consen-
» tement, dès qu'on l'entend prononcer
» pour la première fois & qu'on en
» comprend les termes ; toute observa-
» tion qui, fondée légitimement sur des
» expériences particulières, fait une règle
» générale, devra donc aussi passer pour
» *innée*. Cependant il est certain que
» ces observations ne se présentent pas
» d'abord indifféremment à tous les hom-
» mes, mais seulement à ceux qui ont
» le plus de pénétration, lesquels les
» réduisent ensuite en propositions gé-
» nérales, nullement innées, mais dé-
» duites de quelque connoissance précé-
» dente, & de la réflexion qu'ils ont
» faite sur des exemples particuliers.
» Mais ces maximes une fois établies par
» de curieux Observateurs, de la ma-
» nière que je viens de dire, si on les
» propose à d'autres hommes qui ne
» sont point portés d'eux-mêmes à cette
» espèce de recherche, ils ne peuvent

» refuſer d'y donner auſſi-tôt leur con-
» ſentement. «

REPONSE.

1°. Vous avez raiſon de dire que ſi nous ignorons ces principes juſqu'à ce qu'on nous les ait propoſés, cela prouve que ces mêmes principes ne ſont pas innés. Mais perſonne ne le dit que vous & vos Diſciples. Je voudrois bien que vous me montraſſiez *des gens inſtruits de diverſes choſes*, qui cependant *ignorent que ce qui eſt, eſt*, &c. En vérité je ne puis trop vous le répéter, c'eſt une extravagance groſſière. Dites-moi, quelles ſont *ces diverſes choſes* que peut connoître celui qui ne ſait pas qu'il éxiſte, en ſachant qu'il eſt éxiſtant ? Ne ſentirez-vous donc jamais le ridicule d'une ſemblable Philoſophie ?

2°. *Si ces vérités*, dites-vous, *étoient innées, quelle néceſſité y auroit-il de les propoſer pour les faire recevoir ?* Mais quelle néceſſité y avoit-il de faire une ſi ridicule queſtion ? Il faut bien les propoſer pour les faire recevoir. Eſt-il poſſible de faire autrement ? Les hommes voïent-ils réciproquement ce qui se passe dans l'esprit les uns des autres? Puis je savoir si vous convenez avec moi de là vérité d'un principe, sans vous en faire la question ? Apprendrai-je à M. Dalembert *que le tout est plus grand que sa partie*, quand je lui demanderai s'il admet ce principe ? Prouvez donc que lorsqu'un enfant entend la première fois prononcer cette maxime, *Ce qui est, est*, il apprend par ce moyen à juger qu'il souffre, lorsqu'il souffre ; & que s'il n'avoit jamais entendu dire, *Ce qui est, est*, il ne pourroit juger ainsi.

3°. Toutes vos froides observations sur cette expression *gravés* ne font rien dans notre question. Je vous ai assez expliqué ce que l'on entend par ces mots, *gravé, imprimé, inné*. Vos railleries à ce sujet ne peuvent être qu'insipides.

Dira-t-on, objectez-vous, *qu'en les proposant on les imprime plus nettement dans l'esprit, que la nature n'avoit su faire ?* Je ne sais ce que c'est que *la nature* : mais je sais que Dieu a mis, de quelque manière que ce soit, dans tous les hommes un principe de pensée & de connoissance, que l'on appelle ame ; que la nature de cette substance consistant dans les attributs essentiels de l'esprit, que ces attributs ayant tous pour fondement la pensée, les hommes ont pensé aussi-tôt qu'ils ont éxisté : mais, comme selon votre système, il faut qu'ils ayent pensé long-temps avant d'avoir la connoissance de ces principes innés, que cependant il est impossible de porter un seul jugement sans cette connoissance ; j'en conclus nécessairement que votre système est contradictoire à lui-même, & toutes vos preuves extravagantes : voilà ce que je fais.

Mais quoique ces principes soient toujours dans l'esprit de tous les hommes, je ne vois pas qu'il s'ensuive que les hommes doivent les avoir toujours présens par une attention particulière. C'est totalement ignorer ce qui se passe à tous momens dans notre entendement. Selon votre manière de raisonner, on ne pourroit dire d'aucun homme qu'il sût autre chose que ce qui l'occupe dans le moment présent. En ce cas il n'y auroit ni Métaphysiciens, ni Théologiens, enfin ni Savans, ni Artisans dans le monde; puisqu'il est évident qu'il n'y a dans le monde aucun homme qui ait, dans un seul instant de sa vie, présent à l'esprit tout ce qu'on suppose qu'il sait pour lui donner le titre de Savant ou de tel Artisan. Vous voyez que de vos observations, de vos objections il n'a garde de suivre que vos Adversaires ont tort, il s'ensuit au contraire que votre système est absurde.

4°. Ne voyez-vous pas que de convenir, & de dire même qu'*on ne peut nier que les hommes ne connoissent plusieurs vérités évidentes par elles-mêmes, dès qu'elles leur sont proposées*, c'est convenir que ces vérités sont innées ? En effet, si à quelque moment que ce soit on propose à un homme une de ces vérités, & qu'il l'admette comme telle, il la connoît puisqu'il la juge *vérité*. Et dès que cette même vérité est, selon vous-même, *évidente par elle-même*, ce n'est donc pas par instruction que les hommes la connoissent, sans quoi rien ne seroit plus ridicule que de dire que c'est *par elle-même* qu'elle est *évidente*. Cette expression, *évidente par elle-même*, ne peut être appliquée à une vérité qui a besoin d'être enseignée. Vous nous avez répété bien des fois

(& vous le ferez encore par la suite) que nous ne connoissions ces maximes que parce que les autres nous les enseignoient ; & ici vous les appellez *évidentes par elles-mêmes* ? Tout cela ne s'accorde pas bien.

Mais, continuez-vous, *il n'est pas moins évident que tout homme à qui cela arrive*, (c'est-à-dire, de connoître évidemment ces vérités,) *est convaincu en lui-même que dans ce même temps-là il commence à connoître une proposition qu'il ne connoissoit pas auparavant, & qu'il ne révoque plus en doute dès ce moment.* Pour savoir si ce que vous prétendez ici est *évident*, comme vous le prononcez, il faudroit *que tout homme à qui cela arrive*, pût se ressouvenir de l'instant auquel cela lui est arrivé. Or je vous défie de citer un seul éxemple d'un homme qui se soit apperçu qu'il commençoit à savoir que *ce qui est, est.* Je sais fort bien qu'il y a bien du temps dans la vie pendant lequel on ignore ces formules générales, *Il est impossible qu'une chose soit & ne soit pas*, & mille autres semblables : mais je vous ai assez fait connoître ci-devant la distinction qu'il falloit mettre entre le jugement que ces propositions expriment, & les diverses manières de considérer ces mêmes jugemens. Je ne sais pas pourquoi vous ajoûtez que cet homme *ne révoque plus en doute* ces propositions. Il sembleroit que vous prétendez qu'il en doutoit auparavant ; cependant vous soûtenez qu'il n'en avoit aucune idée. Je ne sais trop, dis-je, ce que cela signifie.

5°. Mais voyons pourquoi les hommes conviennent sur le champ de la vérité de ces maximes générales. Pourquoi ne se trouve-t-il pas un homme qui les juge fausses, ou du moins qui en doute ? C'est, dites-vous, *parce que la considération même de la nature des choses exprimées par les paroles que ces sortes de propositions renferment, ne lui permet pas d'en juger autrement, de quelque manière & en quelque temps qu'il vienne à y réfléchir.* Démêlons un peu ce que cela signifie; mais pour le faire avec plus de facilité, rapprochons-le de ces autres paroles: (1) *On n'a pas besoin du moindre raisonnement pour comprendre ces maximes* ; (2) *on les connoît si-tôt qu'on les entend prononcer.* Ces deux

(1) Tome 1. page 29.
(2) Ibidem.

derniers passages nous font connoître que par l'autre vous ne prétendez pas soûtenir qu'il faut faire beaucoup de réfléxions pour venir à comprendre ces maximes, puisqu'il suffit de les entendre prononcer. Vous voulez seulement dire, apparamment, que pour convenir sur le champ que ces maximes sont vraies, il suffit de faire attention à ce qu'elles signifient ; & que dans quelque temps & de quelque maniere que nous venions à réfléchir à ces maximes, la même attention suffit pour nous les faire regarder comme vraies. Là-dessus j'ai quelques remarques à vous proposer.

Vous comptez donc avoir fait une grande découverte ? Mais ne vous y trompez pas, vos Adversaires savent cela tout aussi-bien que vous. Ils n'ignorent, sans doute, pas que ce qui fait que les hommes conviennent de la vérité d'une proposition, ne consiste qu'en ce qu'ils trouvent que la nature des choses exprimées par la proposition est telle que cette proposition l'affirme. Est-ce par là que vous prétendez distinguer ces maximes générales de toutes les autres propositions vraies ? Vous savez bien que cela ne se peut. Tout ce que vous avez débité contre ceux qui soûtiennent, ou plutôt contre ceux auxquels vous faites soûtenir malgré eux, que c'est l'usage de la raison qui découvre les principes *innés ;* tout cela, dis-je, retombe sur vous ici avec une nouvelle force. Il ne s'agit pas de savoir pourquoi les hommes jugent évidemment de la vérité d'un principe, il s'agit de savoir comment les hommes ont commencé à connoître les principes *innés ;* cela est tout différent. Mais vous convenez ici que *de quelque manière & en quelque temps qu'on vienne à réfléchir à ces principes, la considération même de la nature des choses ne permet pas d'en juger autrement ;* & cette considération se fait, sans doute, dans le moment même qu'on les entend prononcer la première fois. On a donc, dès cette première fois, les idées de ces choses : car ce n'est que dans les idées que nous pouvons considérer la nature des choses. Si dans ce moment l'homme a les idées de ces choses, il ne lui manque rien pour connoître ces maximes. Vous convenez qu'*en quelque temps que ce soit* il peut faire cette considération : donc en quelque temps que ce soit il a ces ées : donc elles sont innées contre votre propre systême. Voyons votre treizième raison.

Elle consiste à soûtenir que *si l'on dit qu'elles sont connues implicitement avant que d'être proposées, ou cela signifie que l'esprit est capable de les comprendre, ou il ne signifie rien.* Ecoutons-en la preuve.

Texte de l'Auteur.

» (1) L'on dira peut-être, que l'en-
» tendement n'avoit pas une connois-
» sance explicite de ces principes, mais
» seulement implicite, avant qu'on les
» lui proposât pour la première fois.
» C'est en effet ce que sont obligés de
» dire tous ceux qui soûtiennent que
» ces principes sont dans l'entendement
» avant que d'être connus. Mais il n'est
» pas facile de concevoir ce que ces
» personnes entendent par un principe
» gravé dans l'entendement d'une ma-
» nière implicite, à moins qu'ils ne
» veuillent dire par là que l'ame est
» capable de comprendre ces sortes de
» propositions & d'y donner un entier

(1) Tome 1. page 51.

» consentement. En ce cas-là il faut
» reconnoître toutes les démonstrations
» mathématiques pour autant de vérités
» gravées naturellement dans l'esprit,
» aussi-bien que les premiers principes.
» Mais c'est à quoi, si je ne me trompe,
» ne consentiront pas aisément ceux qui
» voient par expérience qu'il est plus
» difficile de démontrer une proposi-
» tion de cette nature, que d'y donner
» son consentement après qu'elle a été
» démontrée; & il se trouvera fort peu
» de Mathématiciens qui soient disposés
» à croire que toutes les figures qu'ils
» ont tracées, n'étoient que des copies
» d'autant de caractères *innés* que la
» nature avoit gravés dans leur ame. «

REPONSE.

1°. On ne vous *dira* point que *l'entendement n'avoit pas une connoissance explicite de ces principes, mais seulement implicite;* on tâchera de vous parler un langage plus ordinaire. Vous nous dites que *ceux qui soûtiennent que ces principes sont dans l'entendement avant que d'être connus, sont obligés de le dire.* Je vais vous montrer qu'il n'y a aucun sens dans toutes ces paroles.

1°. Comment peut-on raisonnablement soûtenir qu'un principe est dans l'entendement d'un homme, sans que cet homme connoisse ce principe ? Avoir dans l'entendement un principe ou le connoître, n'est-ce pas la même chose ? Ceux donc qui prétendent que les principes innés sont dans l'entendement de tous les hommes, ne disent-ils pas par cela même que tous les hommes connoissent ces principes ? Ils n'ont donc garde de dire, comme vous voudriez le faire croire, que les hommes ne savent point ces principes dans le temps même qu'ils les ont dans l'entendement.

2°. Il est si vrai qu'ils ne le disent pas, que vous reconnoissez vous-même qu'ils soûtiennent que l'entendement en a connoissance. Soit que cette connoissance soit implicite ou explicite, toujours est-il certain, selon vous-même, qu'ils prétendent que les hommes connoissent ces principes avant qu'on les leur ait proposés. Pourquoi les accusez-vous donc d'avancer cette extravagance, que les hommes ne connoissent pas des principes qu'ils ont dans l'entendement ? Voyez combien vous êtes éloigné d'exposer fidélement le sentiment de ceux que vous contredites.

3°. Ils ne disent pas non plus que l'entendement acquiert, par la proposition que l'on nous fait de ces principes, une connoissance plus *explicite* dans le sens que vous le prenez. C'est ce qu'il faut expliquer ici. Vous prétendez qu'*il n'est pas facile de concevoir ce que ces personnes entendent par un principe gravé dans l'entendement d'une manière implicite, à moins qu'ils ne veuillent dire par là que l'ame est capable de comprendre ces sortes de propositions*, &c. Non, Monsieur, ce n'est pas là ce qu'ils veulent dire, & ne peut même le signifier. Mais comme il me paroît que le mot *gravé* vous déplaît aussi-bien que ces autres *implicite*, *explicite*, je vais vous exposer ce qu'ils veulent dire sans faire usage de ces termes. Ils soûtiennent (& je vous défie de le nier) qu'on peut avoir la connoissance d'un principe général, sans savoir toutes les conséquences qui en résultent. Ils soûtiennent que le jeune homme qui ouvre pour la première fois des *élémens de Géométrie*, conçoit fort clairement les axiomes qui sont à la tête du Livre, quoiqu'il ne sache pas toutes les propositions quelconques de Géométrie qui cependant ne sont que des conséquences de ces axiomes : que de même il peut arriver que les hommes ayent dans l'esprit ces principes innés, quoiqu'ils n'en connoissent pas encore les conséquences ni les différentes applications qu'ils en pourroient faire. Direz-vous aussi que ce jeune homme, après la lecture des axiomes de Mathématique, n'a que la capacité à connoître ces axiomes ? Comme vous le diriez tout seul, il n'est pas nécessaire d'entrer là-dessus en discussion. Au reste vous verrez dans le Chapitre suivant de quelle manière tout cela s'explique & s'accorde, sans qu'il en résulte aucune des difficutés que vous nous faites si gratuitement. Suivons votre Texte.

2°. En ce cas-là il faut reconnoître toutes les démonstrations mathématiques pour autant de vérités gravées naturellement dans l'esprit, aussi-bien que les premiers principes. En ce cas-là? Mais comment vous y prendrez-vous pour nous faire voir que cela suit du sentiment de vos Adversaires ? Quoi ! parce que je soûtiens qu'un jeune homme entend cet axiome, *Le tout est plus grand que sa partie,* quoiqu'il ne fache pas les Mathématiques ; *en ce cas là toutes les propofitions mathématiques* font à l'égard de la connoiffance de ce jeune homme, comme cet axiome ? Je peux bien encore vous demander ici *par quelle règle de Logique* vous tirez cette conclufion. Vous voulez abfolument jetter du ridicule fur le fentiment de ceux qui foûtiennent les idées innées ; mais vous ne réuffiffez guère dans cette partie. Que le Lecteur juge donc de la folidité de ce fentiment, ou plutôt de cette vérité ; puifqu'elle eft fi forte, que Locke lui-même, malgré tous ces efforts, n'a pu l'attaquer avec fuccès. Mais éxaminons le refte de fes raifons.

Article X.

Examen de quatre autres raifons de Locke, & de fa conclufion.

Vos quatre dernières raifons n'étant pas différentes au fond de celles que nous venons d'éxaminer d'une manière affez (& peut-être trop) détaillée, je me bornerai à faire l'extrait de chacune, & à y répondre en deux mots.

1°. Par la première vous prétendez que celui qui le premier nous dit les principes dont il est question, nous apprend par le simple énoncé qu'il en fait, à connoître ces principes; & voici comment vous vous y prenez pour le prouver. *Les termes de ces propositions & la signification de ces termes n'étoient pas dans les enfans avant qu'ils les eussent appris* (1). Je conviens de cela. *De plus*, ajoûtez-vous, *les idées que ces maximes renferment, ne naissent point avec eux, non plus que les termes qu'on emploie pour les exprimer.* C'est ce que je vous nie. Voyons si vous le prouverez : *mais ils les acquiérent par la suite, après en avoir appris les noms.* Et sur quoi est fondée cette décision ? Est-il bien démontré, ou bien évident que nous savons les noms qu'on donne à ces idées avant que de les avoir ? Vous concluez cependant qu'il n'y a rien d'inné dans ces propositions, comme si ce que vous avancez devoit être reçu sans aucun doute ; & c'est sur quoi porte toute votre quatorzième preuve.

Vous ajoûtez : *Si quelqu'un peut trouver une proposition dont les termes &*

_____
(1) Tome 1. page 53.

les idées soient *innées*, il me feroit un singulier plaisir de me l'indiquer : & moi, si quelqu'un de vos Disciples a plus de force créatrice que vous pour montrer que les principes dont vous parlez ne sont pas *innés*, je le prierois de venir ici à votre secours, il ne le pourroit faire plus à propos ; puisque vous semblez ne savoir plus quoi dire. N'est-ce pas en effet être réduit à l'extrêmité que de dire : Ces propositions ne sont pas innées, puisqu'elles ne sont pas innées : or elles ne sont pas innées, donc elles ne sont pas innées. Voilà votre syllogisme. Il n'est personne qui ne voye tout-d'un-coup l'extravagance de votre Philosophie. Quand on vous soûtient que ces principes sont *innés*, ne vous soûtient-on pas en même temps & nécessairement que les idées qui les composent sont innées ; & dire : Ces principes là ne sont pas innés, puisque les idées qui les composent ne le sont pas ; n'est-ce pas dire : Ces principes ne sont pas innés, parce qu'ils ne le sont pas ? Vous deviez plutôt dire, parce que je ne le veux pas ; cela eut été encore moins absurde.

Je voudrois aussi savoir ce que vous

entendez par ces mots, *C'est par dégrés que nous acquerons ces idées.* Une idée simple ne s'acquiert pas, je pense, par dégrés. Ou bien vous ne prenez pas le mot *dégrés* pour celui de parties. Car, dites-moi, qu'est-ce qu'*un quart d'idée* ? Tout ce que vous ajoûtez se borne à soûtenir, & toujours sans autre preuve que votre parole, à soûtenir, dis-je, qu'un enfant ne juge qu'*une pomme n'est pas du feu*, qu'après avoir appris à prononcer ces mots, *une pomme n'est pas du feu*, & avoir aussi appris ce que ces mots signifient. Et moi je vous réponds, qu'encore qu'un enfant ne vînt jamais à prononcer cette proposition avant que d'en être au point où vous dites, il jugera néanmoins auparavant que *la pomme & le feu* sont deux choses différentes : voilà ce qui nous partagera toujours, & à quoi vous n'apporterez aucune raison valable. *Du reste*, j'attends votre *Livre suivant* pour y voir comment vous nous enseignerez QUELLE *est l'origine de nos connoissances*, PAR *quelle voie notre esprit vient à connoître les choses*, & QUELS *sont les fondemens des différens dégrés d'assentiment que nous donnons aux diverses vérités que nous embraſſons.* Permettez-moi de vous dire que vous nous aviez promis de détruire ce *ſentiment général qui admet les idées innées,* avant que d'en venir où vous nous renvoyez ici : mais nous aurons la complaiſance de vous ſuivre par-tout.

2°. Voici votre quinzième raiſon. *Les propoſitions qu'on veut faire paſſer pour innées, ne le ſont point ; parce qu'elles ne ſont pas univerſellement reçues.* (1).

Comme j'y ai déja répondu cent fois, il eſt inutile de s'y arrêter davantage : paſſons tout de ſuite à la ſeizième. La voici.

3°. (2) *Elles ne ſont pas connues avant toute autre choſe.* Mais quelles ſont ces autres choſes que l'on connoît avant elles ? Vous nous dites que de crainte qu'on ne vous *accuſe de fonder des raiſonnemens ſur les penſées des enfans qui nous ſont inconnues &c.* vous ajoûterez... Voyons ce que vous allez ajoûter : *que ces vérités ne ſe trouvent pas les premières dans l'eſprit des enfans, & qu'elles ne précédent point toutes les notions acquiſes.* Mais ce que vous *ajoûtez-là,* n'eſt-il pas fondé ſur le défaut même

(1) Tome 1. page 57.
(2) Page 58.

dont vous craignez qu'on ne vous *accuse* ? Il est assez singulier que vous reconnoissiez tout uniment que la preuve que vous allez apporter, ne vaut rien. Que voulez-vous que je réponde à tout ce que vous dites ensuite, pour montrer que si ces maximes ne sont pas dans les enfans, elles ne sont pas innées. Tout ce *galimathias* est en pure perte. De tout ce que vous avez dit jusqu'à présent, il s'ensuit qu'*on peut dire* de vous, *sans vous faire grand tort, qu'à la vérité vous êtes fort zélé pour votre sentiment, mais que vous ne le défendez point avec cette aimable sincérité qu'on découvre dans les enfans* (1).

4°. Cette raison qui est votre dernière, me paroît une des plus spécieuses ; c'est pourquoi je m'y arrêterai davantage. Et de crainte que vos Disciples ne se plaignent, je vais rapporter tout-au-long votre Texte ; le Lecteur jugera mieux de ma réponse. J'ai été fidèle à cet ordre dans tous les endroits où vos paroles méritoient quelqu'attention.

(1) Tome 1. page 61.

Texte de l'Auteur.

« (1) Que ces maximes générales,
» dont nous avons parlé jusqu'ici, soient
» inconnues aux enfans, aux imbécilles,
» & à une grande partie du genre hu-
» main ; c'est ce que nous avons déja
» suffisamment prouvé : d'où il paroît
» évident que ces sortes de maximes ne
» sont pas reçues d'un consentement
» universel, & qu'elles ne sont point
» naturellement gravées dans l'esprit des
» hommes. Mais on peut tirer de là une
» autre preuve contre le sentiment de
» ceux qui prétendent que ces maximes
» sont *innées* : c'est que, si c'étoit autant
» d'impressions naturelles & originales,
» elles devroient paroître avec plus
» d'éclat dans l'esprit de certaines per-
» sonnes, où cependant nous n'en voyons
« aucune trace ; ce qui est, à mon
» avis, une forte présomption que ces
» caractères ne sont point *innés*, puis-
» qu'ils sont moins connus que ceux en
» qui ils devroient se faire voir avec
» plus d'éclat, s'ils étoient effective-
» ment *innés*. Je veux parler des enfans,

(1) Tome 1. page 62.

» des

» des imbécilles, des sauvages, & des
» gens sans lettres : car de tous les
» hommes ce sont ceux qui ont l'esprit
» moins altéré & corrompu par la coû-
» tume & par des opinions étrangères.
» Le savoir & l'éducation n'ont point
» fait prendre une nouvelle forme à
» leurs premières pensées, ni brouillé ces
» beaux caracteres gravés dans leur ame
» par la nature même, en les mêlant
» avec des doctrines étrangères & ac-
» quises par art. Cela posé, l'on pour-
» roit croire raisonnablement, que ces
» notions *innées* devroient se faire voir
» aux yeux de tout le monde dans ces sor-
» tes de personnes, comme il est certain
» qu'on s'apperçoit sans peine des pen-
» sées des enfans. On devroit sur-tout
» s'attendre à reconnoître distinctement
» ces sortes de principes dans les imbé-
» cilles ; car ces principes étant gravés
» immédiatement dans l'ame, si l'on en
» croit les partisans des idées *innées*,
» ils ne dépendent point de la constitution
» du corps ou de la différente disposi-
» tion de ses organes, en quoi consistent,
» de leur propre aveu, toutes les diffé-
» rences qu'il y a entre ces imbécilles
» & les autres hommes. On croiroit, dis-

» je, à raisonner sur ces principes, que
» tous ces rayons de lumière tracés na-
» turellement dans l'ame, (supposé qu'il
» y en eût de tels,) devroient paroître
» avec tout leur éclat dans ces person-
» nes qui n'emploient aucun déguise-
» ment ni aucun artifice pour cacher
» leurs pensées : de sorte qu'on devroit
» découvrir plus aisément en eux ces
» premiers rayons, qu'on ne s'apperçoit
» du penchant qu'ils ont au plaisir, &
» de l'aversion qu'ils ont pour la dou-
» leur. Mais il s'en faut bien que cela
» soit ainsi : car, je vous prie, quelles
» maximes générales, quels principes
» universels découvre-t-on dans l'esprit
» des enfans, des imbécilles, des sau-
» vages, & des gens grossiers & sans
» lettres ? On n'en voit aucune trace,
» leurs idées sont en petit nombre, &
» fort bornées ; & c'est uniquement à
» l'occasion des objets qui leur sont le
» plus connus, & qui font de plus fré-
» quentes & de plus fortes impressions
» sur leurs sens, que ces idées leur vien-
» nent dans l'esprit. Un enfant connoît
» sa nourrice & son berceau, & in-
» sensiblement il vient à connoître
» les différentes choses qui s'offrent

» à ses yeux, à mesure qu'il avance en
» âge. De même un jeune sauvage a
» peut-être la tête remplie d'idées d'a-
» mour & de chasse, selon que ces cho-
» ses sont en usage parmi ses semblables.
» Mais si l'on s'attend à voir dans l'es-
» prit d'un jeune enfant sans instruction,
» ou d'un grossier habitant des bois, ces
» maximes abstraites & ces premiers
» principes des sciences, on sera fort
» trompé à mon avis. Dans les cabanes
» des Indiens on ne parle guère de ses
» sortes de propositions générales ; &
» elles entrent encore moins dans l'esprit
» des enfans, & dans l'ame de ces pau-
» vres *innocens* en qui il ne paroît au-
» cune étincelle d'esprit. Mais où elles
» sont connues ces maximes, c'est dans
» les Ecoles & les Académies où l'on fait
» profession des sciences, où l'on est ac-
» coûtumé à une espèce de savoir & à
» des entretiens qui consistent dans des
» disputes sur des matières abstraites.
» C'est dans ces lieux-là, dis-je, qu'on
» connoît ces propositions; parce qu'on
» peut s'en servir à argumenter dans les
» formes, & à réduire au silence ceux
» contre qui l'on dispute, quoique dans
» le fond elles ne contribuent pas beau-

» coup à découvrir la vérité, ou à faire
» faire des progrès dans la connoissance
» des choses. Mais j'aurai occasion de
» montrer ailleurs plus au-long combien
» ces sortes de maximes servent peu à
» faire connoître la vérité.

REPONSE.

Si je m'en étois tenu, au lieu de citer ce long passage, à dire qu'il se réduit à ceci, que *les enfans, les idiots, les sauvages n'ont point les connoissances dont nous avons tant parlé*; je ne vous aurois fait aucun tort, & j'aurois pu vous renvoyer à ce que j'ai déja dit plusieurs fois, que ce que vous apportez pour objection, n'a point de rapport à ce que vous voulez contredire.

Mais comme tout ce que vous dites ici, est appuyé d'un ton de confiance qui en impose à beaucoup de vos Lecteurs, il est bon de les discuter, pour leur faire connoître qu'il n'ajoûte rien à vos autres discours, & qu'il se réfute de la même manière.

Ces maximes générales, dites-vous, *ne sont point innées*; parce qu'elles paroissent moins où elles devroient se montrer avec plus d'éclat. Et pour le prouver, vous nous apportez UNE FORTE PRÉSOMPTION. Mais une *présomption*, quelle *forte* qu'elle soit, n'est pas une *preuve* pour un Philosophe. Ainsi en vous passant, en vous accordant le fait que vous avancez, il ne suit pas que vous ayez détruit les principes innés. Mais quel est-il ce fait ? Le voici. *Ces maximes paroissent moins où elles devroient paroître davantage.* Je demande d'abord pourquoi ces maximes doivent paroître davantage dans les enfans, les idiots, les sauvages que dans d'autres hommes ? C'est, dites-vous, parce que *de tous les hommes ce sont ceux qui ont l'esprit moins altéré & corrompu par la coûtume & par des opinions étrangères.* Voilà ce qui s'appelle apporter, pour prouver sa thèse, la contradictoire de son principe. Quoi ! n'avez-vous pas vû qu'il n'en falloit pas davantage pour renverser toutes vos prétentions ? En voici la preuve. *Un esprit moins altéré & moins corrompu, &c.* qu'un autre, est celui dans lequel les connoissances sont plus claires, plus distinctes, plus certaines. Vous ne nierez pas cette majeure. Or pour qu'un esprit soit moins corrompu, il doit avoir plus de connoissances, ou au moins des connoissances plus claires, plus distinctes. Donc ces enfans, ces idiots, ces sauvages ont la connoissances de ces principes plus claires que les autres hommes, contre votre prétention. Mais, direz-vous, je nie que ces maximes soient dans l'esprit de ces enfans, de ces idiots & de ces sauvages ; ainsi je n'ai garde de convenir qu'ils en ayent une connoissance plus claire que celle des autres hommes. Je sais bien que vous le niez : mais je sais bien aussi que vous ne pouvez le nier, en reconnoissant que ces enfans, &c. ont des connoissances plus claires que les autres hommes. Ne venez-vous pas de dire qu'*ils ont l'esprit moins corrompu, moins altéré*, & cela peut-il signifier autre chose ? Présentement choisez de mettre dans ces esprits *moins corrompus moins altérés*, les connoissances dont il s'agit, ou d'autres, si vous le voulez ; toujours sera-t-il certain qu'ils ont des connoissances, selon vous-même, & que ces connoissances ne peuvent que s'obscurcir par *le savoir & l'éducation*. Voilà donc cette prétention totalement renverversée par vous-même. Mais détruisons-la à notre tour.

1°. Pourquoi voulez-vous que ces maximes, ces notions innées *se fassent voir aux yeux de tout le monde?* Vous ne parlez ainsi, sans doute, que pour jetter du ridicule sur le sentiment que vous combattez : mais il falloit le faire un peu plus délicatement. Pour ne parler que du fond de votre prétention, je vous réponds en deux mots, que vous ne pouvez *démontrer* que ces notions ne sont pas dans l'esprit des enfans, de ce que nous ne les y appercevons pas. Je vous ai assez fait connoître combien cela étoit absurde : je vous renvoie à ce que j'ai dit ci-devant. Mais vous n'êtes pas encore content, & vous nous dites qu'*on s'apperçoit sans peine des pensées des enfans* ; c'est-à-dire, qu'on connoît que les enfans ont des pensées, & que ces pensées sont telles ou telles pensées. Je vous demande, ou plutôt je demande à vos disciples quelles sont ces pensées qu'ils ont reconnues dans les enfans; & je les défie de m'en citer aucune dont je ne démontre qu'elle est la connoissance même de ces maximes que vous combattez, ou du moins qu'elle la suppose : je vous l'ai fait voir assez de fois.

2°. Mais qu'est-il besoin de s'arrêter

davantage à tous vos sophismes ? ne les ai-je pas suffisamment détruits ? Que vos disciples nous forment de nouvelles objections, s'ils veulent connoître la solidité des principes qu'ils combattent. Il ne nous reste plus qu'à tirer les conséquences de tout ce que nous avons dit contre le premier Chapitre, de Locke, & d'exposer en deux mots le système qu'il a prétendu renverser, en l'accompagnant de tous les avantages qu'il a retirés de ce combat. Nous passerons ensuite à l'éxamen des difficultés de Locke sur les principes de pratique : mais ce sera pour le Volume suivant.

CHAPITRE VI.

Exposition abrégée du sentiment que Locke a prétendu renverser. Conclusion de ce Volume.

PLus on éxamine la vérité, & plus on se convainc de son invincible force. Nous avons, dans cette Section, vu tous les efforts que Locke a pu faire pour donner atteinte à l'éxistence d'une substance spirituelle, essentiellement pensante; & il a été très-facile de s'appercevoir que toute l'étendue de génie, toute l'application possible, toutes les peines ne peuvent non-seulement pas détruire la vérité, mais même éteindre la lumière qui l'environne.

La vraie Métaphysique nous fait connoître que l'homme est composé de deux êtres, de deux substance réellement distinguées l'une de l'autre. Quoiqu'elle ne puisse comprendre le mystère de leur union, elle connoît néanmoins que ces deux substances différentes sont unies dans l'homme; mais elle connoît aussi qu'elles ne peuvent être confondues, parce que leurs essences s'y opposent invinciblement.

Le corps essentiellement étendu, & par conséquent mobile, peut être mu indépendamment de son union avec un esprit. L'esprit essentiellement pensant peut connoître indépendamment du corps.

Locke & tous ses disciples soûtiennent que toutes les connoissances de l'homme lui viennent par les sens corporels. C'est-à-dire, que l'esprit sans corps n'auroit aucune connoissance; disons mieux, c'est-à-dire qu'il n'y a dans l'homme que la substance corporelle. Comment en effet peut-on reconnoître un esprit où l'on n'admet point de connoissance ? *Si Locke & ses disciples parlent d'ame ce n'est que pour faire illusion. Ils savent fort bien qu'ils l'anéantissent en la privant de connoissance. Une table rase*, dit Locke, & répétent ses disciples : & qu'est-ce qu'*une table rase ?* Comment puis-je concevoir un esprit sous cette impertinente idée ?

Que les plus prévenus en faveur de Locke se donnent la peine de lire son premier Chapitre, avec mes réfléxions ; & je suis sûr, s'ils sont équitables, qu'ils prononceront que si tout le Livre de Locke n'a pas plus de solidité que ce Chapitre, rien n'est plus surprenant que l'état qu'on en a fait jusqu'à présent. Pour les mettre à portée de juger de tout *l'Essai sur l'entendement humain*, il ne sera pas nécessaire de m'étendre si au long pour les autres Parties. Les motifs de Locke pour inventer un nouveau système étant détruits, toutes ses majeures sont niées ; le reste est maintenu court & facile.

Fin du cinquième Volume.

TABLE

Des Chapitres contenus dans ce cinquième Volume.

Préface ou Discours Préliminaire à toute la seconde Partie, page 1

ARTICLE PREMIER.

Pourquoi j'ai recommencé cette seconde Partie, 2

ARTICLE SECOND.

Pourquoi j'ai fait précéder la réfutation de Locke, à celle des principes Encyclopédiques, 9
Essai de réfutation de l'Encyclopédie. Seconde Partie, 1

LIVRE PREMIER.

Qu'est-ce que l'homme ? 9

PREMIERE SECTION.

Réfutation des principes de Métaphysi-

K vj

TABLE.

que des Encyclopédistes sur la nature de l'homme, 11

PREMIERE DIVISION.

Locke est le maître des Encyclopédistes & de M. Helvétius, 13

CHAP. I. *Ce qui a paru le plus extravagant dans le Livre de l'Esprit, est tiré de l'Encyclopédie,* 14

CHAP. II. *Les Encyclopédistes, non plus que M. Helvétius, ne sont pas les créateurs même de ces extravagances,* 19

CHAP. III. *Que la Métaphysique de l'Encyclopédie étant par lambeaux & sans suite, il faut la considérer d'abord dans le Livre de Locke où elle réduite en système,* 24

SECONDE DIVISION.

Locke n'a pas prouvé qu'il n'y a point de notions innées. Vains efforts de cet Auteur à ce sujet, 29

CHAP. I. *Quel est le but de Locke ? & quel est mon dessein de l'éxamen de son premier Livre ?* 30

CHAP. II. *Quel est le véritable état de*

TABLE.

la question à examiner ? Qu'entend-on par principes & par idées innées ? Et dans quel sens Locke prétend-il les combattre ? 41

Chap. III. *Locke avoue qu'il abandonne le consentement général des hommes,* 53

Chap. IV. *Premier & principal argument de Locke contre les principes innés, renversé,* 58

Article I. *Examen de la première prétention de Locke,* 59

Article II. *Examen de la seconde prétention de Locke,* 68

Chap. V. *Examen des autres preuves de Locke contre les principes de spéculation,* 75

Article I. *Examen de la première raison,* 79

Article II. *Seconde raison de Locke,* 91

Article III. *Troisième raison de Locke,* 105

Article IV. *Quatrième raison de Locke,* 115

Article V. *Cinquième raison de Locke,* 129

Article VI. *Sixième & septième raison de Locke,* 133

Article VII. *Huitième raison de Locke,*

TABLE.

Article VIII. *Neuvième raison de Locke,* 171

Article IX. *Douzième & treizième raison de Locke,* 192

Article X. *Examen de quatre autres raisons de Locke, & de sa conclusion,* 210

Chap. VI. *Exposition abrégée du sentiment que Locke a prétendu renverser. Conclusion de ce Volume,* 224

Fin de la Table.

APPROBATION.

J'Ai lû par ordre de Monseigneur le Chancellier les *Préjugés légitimes contre l'Encyclopédie, & la réfutation du Livre de l'Esprit;* & je n'y ai rien trouvé qui en doive empêcher l'impression. A Paris ce 21. Février 1759.

ROUSSELET.